Bringing in a New Era in Character Education

品格教育新纪元

[美] 威廉·戴蒙◎主编

刘 晨 康秀云◎译

人民出版社

Bringing in a New Era in Character Education

Edited by William Damon

ISBN：978-0-8179-2962-6

北京市版权局著作权合同登记号：01-2015-4199

总　序

一

　　问题是时代的注脚，时代是问题的集结，理论则是在思想中把握到的时代。理论对时代问题的把握与破解，折射着人类理论思维发展的高度，也推动着人类实践探索的前进和深化。马克思说："问题就是时代的口号，是它表现自己精神状态的最实际的呼声"，"一切划时代的体系的真正的内容都是由于产生这些体系的那个时期的需要而形成起来的"。

　　当今时代是个全球化的时代。伴随全球化的飞速发展，国与国之间的相互依存日益紧密，不同思想文化间相互激荡、彼此碰撞，中外经济文化交流不断向纵深发展。在此情况下，我们所面临的"中国问题"越发具有时代性和世界性，反过来世界经济文化发展大环境、大趋势也越来越深刻地影响着"中国进程"。中国与世界越来越成为你中有我、我中有你的"命运共同体"。正因如此，十八大以来习近平总书记从人类和谐共处、存续发展的高度先后六十多次论及"命运共同体"问题，充分展现出中国共产党人面向未来的长远眼光、博大胸襟和历史担当。

　　对于当代中国马克思主义理论工作者来说，我们应该深刻领会、努力学习习近平总书记直面时代问题、关切人类命运的情怀和视野，自觉从当代中国实际与全球化的时代背景出发，运用马克思主义立场、观点和方法，凝练揭示出复杂现象背后的重大时代性命题，并以理论的方式回应和破解这些命题，从而对外向世界传播"中国声音"，对内服务中国特色社会主义建设。这是当代中国马克思主义理论工作者最为根本的社会责任和最为深层的理论自觉。

思想政治教育作为马克思主义理论研究和实践传播的重要力量，也要顺应时代发展，推进自我创新。应该看到，全球化时代的到来，使思想政治教育的外部环境已经由间接点位式面向世界转变为直接全方位面向世界。更加开放的外部环境给思想政治教育提供了广阔的世界舞台，也使之面临着多元文化交融交锋交汇的严峻挑战。如何既利用好世界舞台以广泛吸收借鉴不同国家思想政治教育的经验教训，又确保我国思想政治教育建设发展的正确方向，是全球化时代思想政治教育面临的重要课题。

"文明因交流而多彩，文明因互鉴而丰富。"破解全球化时代思想政治教育问题，既要立足中国，也要面向世界，努力在中外文化的交流互鉴中打造兼具中国风格与时代特征的思想政治教育理论和实践体系，从而为建设社会主义文化强国作出新的更大贡献。为此要坚持"以我为主、学习借鉴、交流对话"。"以我为主"就是要坚持中国立场、聚焦中国问题、彰显中国价值，确保思想政治教育能够始终担负起"围绕中心、服务大局"的基本职责。"学习借鉴"就是要树立自信开放的世界眼光，按照习近平总书记关于"中国要永远做一个学习大国，不论发展到什么水平都虚心向世界各国人民学习"的要求，学习借鉴各国人民创造的优秀文明成果，特别是国外道德教育、公民教育、爱国主义教育等相关教育形式的有益经验和做法，从而了解世界、壮大自己，始终掌握中外文化交流的主动权。"对话交流"就是要以更加开放包容的姿态，积极推动中华文化走出去，加强与世界一切优秀文明成果的交流互动。总之，全球化时代的思想政治教育要在坚持社会主义意识形态立场的基础上，树立国际视野，加强对外交流，立足对中国发展的深刻把握、对时代主题的深刻理解和对马克思主义的坚守，在穿透不同文化异质中捕捉时代精神、发现价值活力，为我国思想政治教育理论研究和实践创新提供有益借鉴。这就是新时期加强比较思想政治教育的本质意涵与根源所在。

二

　　做好全球化时代思想政治教育工作需要加强比较思想政治教育研究，促进思想政治教育学科发展也需要加强比较思想政治教育研究。新时期思想政治教育学科发展是创新发展、科学发展与内涵发展的有机统一。其中，创新发展是动力，科学发展是原则，内涵发展是抓手，三者相互联系，共同构成新时期思想政治教育学科发展的总趋势和总要求。

　　"创新是引领发展的第一动力。"思想政治教育学科发展离不开对党的思想政治教育优良传统和成功经验的总结继承，也离不开结合新的时代背景与实践条件的积极创新。推动思想政治教育学科创新发展，关键在于充分调动学科内部各要素的发展潜能，通过强化学科管理、整合学科力量、优化学科体系，不断增强学科建设服务实践工作的能力和水平。与此同时，也要立足开放多元的时代背景，进一步拓宽学科视野，将学科建设放置在中外文化交流对话的历史进程和实践活动之中，不断加强比较思想政治教育，通过与国外相关教育形式的切磋比较，找准自身定位，汲取发展经验，增强思想政治教育的时代性和有效性。

　　科学发展的核心是全面协调可持续。然而，一门学科在建设初期由于建设任务比较繁重，往往不能平均使力，只能有所侧重，以局部突破带动整体发展。思想政治教育学科也是如此。学科初创之时我们在基础理论研究上建立了思想政治教育学原理、思想政治教育方法论、思想政治教育史与比较思想政治教育等四个主干学科领域。其中，原理、方法论、史论的建设投入力度较大、产出成果较多、发展速度较快，形成了较为完整的原理体系、方法论体系和史论体系，但比较研究相对滞后，致使其成为学科体系中较为薄弱的板块。立足全球化时代思想政治教育"面向世界、面向未来、面向现代化"的客观需要，推动学科科学发展，应该在进一步深化原理、方法和史论研究的同时，加强比较思想政治教育研究，努力形成学科建设合力，推动学科建设整体跃进、协调发展。此外，加强比较思想政治教育，也有助于增强原理研究对不同国家思想政治教育现象的解释力，提升历史研究的恢宏感，推动方法研究从局部实践经验的归纳上升为具有广泛意义的方法论指导。

经过三十多年的建设，思想政治教育学科正在从注重规模扩张的外延发展转向注重质量提升的内涵发展。破解这一问题，不仅需要研究思想政治教育的中国特色和中国经验，还要将之放在各国历史文化背景下，把握其存在发展的具体样态、历史成因和文化品格。这就需要在更为广阔的世界视野中，通过方法互动、资源汇通，透视不同国家思想政治教育现象的理论品质与实践策略的异同，从而更好地把握思想政治教育的本质和规律。

总之，顺应新时期思想政治教育学科发展趋势，促进学科建设的创新发展、科学发展与内涵发展，需要加强比较思想政治教育。

三

我国比较思想政治教育研究兴起于 20 世纪 80 年代中后期。"比较思想政治教育"名称的正式出现，是在 1988 年 6 月在广州召开的思想政治教育专业会议上。从学术研究角度第一次提出思想政治教育比较研究，并把其正式列入教材编写计划之中，是 1995 年 10 月在北京召开的开展思想政治教育比较研究会议。此次会议以课程建设为主题，讨论编写被誉为国内第一本比较思想政治教育学教材《比较思想政治教育学》(苏崇德，1995)。后来又陆续出版了多本教材，并开始设置"比较思想政治教育"方向，招收硕、博研究生。与此同时，人们用"名实之辩"解决了国外是否存在思想政治教育的问题，用"实践论"解决了不同政治制度下思想政治教育的可比性问题，使比较思想政治教育获得了广泛认可，具有了学术上的"合法性"(陈立思，2010)。

面向未来，比较思想政治教育还面临着夯实理论基础、创新研究范式、整合研究力量等任务。但一个前提性、基础性的工作就是加强学术资源的开发，特别是要拥有域外思想政治教育相关理论和实践的第一手资料。这就需要开展深入细致的文献翻译工作。然而，目前围绕国外思想政治教育（德育）理论及实践，学界虽不乏翻译力作，但成规模的译丛还不多见，还难以满足比较思想政治教育长足发展的需要。

正是从思想政治教育的时代背景和学科立场出发，我们精选国外思想政治教育相关领域较具权威性、代表性、前沿性的力作，推出了具有较高研究价值与应用价值的系列翻译作品——《思想政治教育前沿译丛》（以下简称"译丛"）。

译丛坚持"以我为主、学习借鉴、交流对话"，旨在丰富我国思想政治教育在国外译著、理论研究与实践探索等方面的学术资源，实现译著系列在学科定位、理论旨趣以及国别覆盖上的多重创新，为推动中外相关学术交流和对话提供支撑。

译丛力争选取与我国思想政治教育相关性较大、国际学术界反响较好的学术著作，既译介国外相关领域知名专家学者的扛鼎力作，也译介对这些代表人物的理论有见地、有深度的研究专著，以及对美国、日本、俄罗斯、加拿大等国相关教育形式有独特研究的代表性著作，以期为广大读者掌握国外相关领域的前沿动态提供方便。

译丛主要面向三大读者群：一是教育学、政治学、思想政治教育学等领域的理论工作者；二是教育主管部门决策者、中小学及高校一线教师、辅导员等教育工作者；三是思想政治教育、道德教育、比较教育等相关专业的本科生与研究生。

译丛在翻译过程中特别重视研判作者的价值取向和意识形态立场，努力按照国家要求和中国实际对所选书目及其内容进行甄别。但是由于作者所处国家及学术立场的限制，有些内容可能仍然并不适合于我国国情，需要读者在阅读时各取所需、为我所用，批判地吸收其中有益的成分。

杨晓慧

2015 年 5 月于东北师范大学思想政治教育研究中心

目　录

导　言

威廉·戴蒙（William Damon）

如果说美国现代教育体系确实发生过真正的变革，通常这一进程也是缓慢的，然而，近年来我们却目睹了一种翻天覆地的变化。目前，美国教育以令人震惊的速度，终结了其在分离智育和德育上的失败尝试，不再将智育作为唯一的合理范畴。从 K–12（从幼儿园到十二年级）学校到高等学校，各阶段的教师已经开始关注学生的价值观问题，并且勇于担当优化学生品格的责任。

这绝不是一项史无前例的举措：事实上，这是一次对综合性更强的"全面学生"计划（"whole student" agenda）的回归，而这一计划也是美国学校在教育领域最初三百年中所付出的努力。然而，在 20 世纪中后期，教育者发现自己已经卷入了一个高度专业化、世俗化以及受知识驱动的后现代世界。大多数人据此得出了一个结论，认为传统教育使命中的道德部分已经被废弃，传统的"代替父母制"已经消失，道德相对主义随即出现。主流观点认为教育者应该促进学生批判思维和宽容品质的培养，令人惊讶的是这些内容并不被视为道德价值观念，而是处于价值选择争议领域之外的中立的、无效的位置。这种观点其实是一种错误的理解，导致很多重大青少年伤害事件的发生，因此迟早会被摒弃。幸运的是，关于这一问题的修正出人意料地迅速出现，当我们步入 21 世纪时，这种良性改变正在顺利进行中。

作为这项修正的倡导者，我已经注意到了这种改变，甚至是联邦政府层面的典型改变——不是引导文化趋势，而是对这种趋势作出反应。在克林顿政府执政初期，教育部长理查德·赖利（Richard Riley）在一次学术会议上致辞，与会者包括诸多像我一样的品格教育者，我们正在努力寻找在 K-12 教育阶段课程中再次引入道德内容的方式。赖利部长非常赞同我们的目标，但在针对一个问题作出评价和回应时（多年过后，我无法逐字引述其原话），他认为自己并没有发觉联邦政府和公共学校在这项努力中所能发挥的作用，孩子的价值观只是个体问题，因而培育价值观的职能需要保留给家庭和教会。

在随后的三年中，大量媒体广泛报道了年轻人伤害别人和自己的行为，这些行为的发生往往是由于他们受到了道德选择的误导。在 1996 年"国情咨文演讲"（State of the Union Address）中，克林顿总统指出："美国所有学校都应该开展品格教育，传递正确的价值观，培养良好公民。"赖利部长在任期间，联邦教育部发起了一个项目来支持这种理念。四年后，在 2000 年的总统大选中，一名主要候选人（事实上是当选者）小布什先生频繁地在竞选活动中承诺要在美国公立学校中大力发展品格教育。自小布什总统就任以来，他将对该项目的联邦资助增加了三倍以兑现承诺。在我的大部分工作生涯中，我坚信品格教育，但我从未想过在我有生之年能看见它成为总统选举中的一个重要竞选承诺，也从未想过它能获得最高政府如此大力的支持。

目前，品格教育的理念已经得到公众的普遍接受，并获得两个政党高层官员的共同认可，这标志着我们已经进入品格教育的新纪元。这是一个绝好的开端，机会之窗将会持久敞开，以允许更多有价值的努力进入其中。然而，如果这些有价值的尝试陷入泥沼之中，被并不重视但仅想利用这一趋势的人搁置一旁，所有的这些机会之窗终将关闭。开启品格教育新纪元，如何能对我们中小学以及高校的学生产生真正有益的影响？什么原则和途径能够为品格教育提供坚实的基础，并帮助其继往开来，使之再次成为我们教育议程中一个稳定的组成部分，而不仅是另一种趋势？在今天的教育系统中，我们又需要克服何种障碍，创设何种机遇来促进新品格教育的发展？本书的目的即是试图针对这些问题提供初步回应。参与本书撰写的各位作者均是当下在品格教育领域最具创新精神的思想者，他们并未受到导致当下学校道德教育偏离正轨的各种错误观念的束缚，力图在各章中提供独创的解决办法。

　　本书中的每一章都为研究"今天的品格教育到底需要什么"这个问题提供了独特的视角，其中有两大主题贯穿全书：第一个主题是达成一种共识，即需要将基本道德准则传递给年轻人，且各教育阶段的教师均应承担传递这些核心准则的重大责任。关于"到底是谁的价值观"这个问题，即谁将吹响道德教育的战斗号角来重新开垦学校道德引导的"荒芜之地"，对诸多学者而言仍是一个还未形成定论的问题。应该传递的是"我们的价值观"，"我们"指的是世界范围内所有具有责任感的成年人，他们所关心的是年轻公民将会继承的文明的质量与未来。本书中的第二个主题是形成一种共同的决心，以消除反对品格教育的陈词滥调，这些反对观点在过去的几十年中消解了品格教育领域最有意义的努力。如果想要实现真正的进步，需要以一种更完整、兼收并蓄且无所不包的方式来超越并取代这些挡住去路的反对声音。 x

习惯与反思

　　多数家长明白，培养孩子端正的行为及在复杂、困难的情况下作出正确判断的能力是十分必要的。每一个孩子都需要获得可靠的习惯和过硬的推理技巧。那些未能获得这两种有益品质的儿童，即便具有善心美意，对他们自身而言也是不值得信赖的。或者，他们容易受到自己难以掩藏或估量的恶意因素的影响，而变成机器人。然而，不可思议的是，当下竟然有学者将这两种目标——培养良好的习惯和对正义等道德问题的清晰推理能力——对立起来。哲学家伯纳德·威廉姆斯①（Bernard Williams）批判

---

① Bernard Williams, *Ethics and the Limits of Philosophy*, Cambridge, Mass.：Harvard University Press，1986.

了在哲学领域将"美德论"（认为美德只是持久习惯的性格结果）和"正义论"（倡导不断思考能够创造社会契约与公正意义的程序）对立的错误观念。威廉姆斯指出，美德和正义之间没有任何互不相容的地方，任何完满的道德生活均渴求二者的共同实现。威廉姆斯注意到，这两个道德目标拥有共同的敌人——"伪善"——一种将"不作为"和"妥协"合理化的自利趋势，以及一种通过不道德方式来追求想象中道德目标的意愿（往往是渴望）。

然而，心理学历史上存在一个将"习惯"与"反思"对立的怪异现象，这使哲学上的这种困惑变得更加复杂。在关于道德发展的科学研究领域，20 世纪中两大主要阵营是：行为主义和认知主义传统（由于薄弱的研究基础，传统精神分析流派始终被孤立在学术界之外）。行为主义强调人对规则的遵从以及行为习惯模式的调节功能；而诸如皮亚杰和科尔伯格等认知主义者则强调人的推理能力和自主判断。

通过这种方式对人进行区分，未必能满足科学研究的需要，却衍生出另一种争论。这种争论是十足的教育灾难，最终将影响年轻人发展的各个方面。关于"习惯"和"反思"的这种毫无意义的对立，是从教育心理学和教育哲学领域的理论与实践中移植来的，致使品格教育几十年来的宝贵努力出现了两极分化。现在我们需要超越这些不足为道的争论，将"全面学生"作为我们道德教育的目标——通过培养习惯与反思、美德与理解，以及包含评价、情感、动机、行为和自我认同感的各个系统，为学生现在及未来的道德生活提供帮助。

个体与社群

我们力图培养每一个儿童的道德观念，但仍有一些人试图在关于道德观念的争论上费尽心思地缛章绘句。在所有观念形态中，极端观点一直在扩散。有些观点认为道德在本质上是生物学的，深深根植于个体的基因编码中，暗示着人们天生具有不同程度的道德水平。这种观点告诉我们，除了识别出那些"恶的种子"，为"善的种子"肃清道路外，教育是无能为力的。甚至对于"家长是否重要"这个问题，近年来竟然也逐渐认真地争论起来。在其他极端观点中，一些人坚持认为所有的道德真理都存在于社群之中，极端个人主义是我们问题的核心，道德教育者的任务就是要促进文化传播，并增进人们的相互依赖意识。然而，没有一种观点能够给予由来已久的道德理想更多的信心，例如个人良知、高尚意志或能够鼓舞人心的社会行为。

这种关于个体与社群之间的对立假设，其实是一种基于次级文化理论的流行观点。这种观点通常认为西方道德（尤其是美国的）强调个人权 xii 利和义务，不同于世界其他国家（通常引用日本为例），其公共取向更为盛行。人类学家① 更为严肃认真，他们清楚所有这些关于个体与社群的理解是无处不在的。事实上，如果个体不能对自己的行为负责，不能认清并保护他们的权利（至少在一定程度上），或者不能建立关于共同善的公共意识，任何社会如何得以存在？虽然不同的社会在如何平衡及表达道德取向、对不同道德观念的强调程度以及影响他们的文化传统等方面各有差异；但道德始终是一个关乎处理个人与集体关系的问题，因此儿童必须为这两者做好准备，在需要的时候，学习他们的社会背景，并遵从他们的良知。对教育者而言，道德意味着传授共同价值观；同时，帮助每一个儿童获得个体道德认同，使他们在任何境遇中都能始终维持道德意识——无论愉快或残忍、鼓舞或堕落——正如他们通常在生命中所邂逅的那样。

---

① R. Shweder, *Thinking through Cultures*; *Expeditions in Cultural Psychology*, Cambridge, Mass.; Harvard University Press, 1991.

世俗与宗教

近来，部分公共学校因为允许学生合唱队唱圣歌而遭到投诉，一些演讲者被禁止在毕业典礼讲话中使用"上帝"这个词，一些教师因在学校假期开始前为学生祈祷"假期快乐"而受到斥责（我并没有虚构这些不可思议的例子），但我们必须注意到，这些情况在我们国家并不是普遍存在的。在我们整个历史中，公共教育并未区分世俗资源所包含的道德内容与各宗教传统故事或教义中所传递的道德信息。事实上，公立学校并没有禁止所有的宗教情感表达，而是将它们视为（大体上以一种非宗教形式）一种道德激励和教育引导的来源。教科书上充满关于道德、精神和宗教的各种振奋人心的理念，与文学、数学等为儿童需要学习的内容所设计的课程混杂在一起。正如我在先前部分所提到的，"全面学生"的教育方法是在尽可能地培养学生的品格与智力、善良与知识、意志与能力。

自进步主义时代开始，在整个余下的 20 世纪中，公共教育将世俗与宗教分离开来，拥护前者而反对后者。这种选择是在多元主义的驱使下，为了保护那些可能来自不同信仰家庭的儿童而萌发的良好意愿。这种分离就自身而言是重要的，所有的儿童都应该学会理解并尊重这种分离所反映出的公民自由关系。我并没有无视这些原因，但所有的这些问题都需要以一种整体性教育的视角来审视，而这些计划应根据年轻人如何学习来设计制定。

年轻人该如何获得道德信仰与价值观？针对这个问题，本书作者研精致思，予以合理回应，这些回答均是基于严谨缜密的学术思考，而不是不加分析的"杞人忧天"或"痴心妄想"。在整本书中，九位作者所形成的共识包括：(1) 年轻人最好的学习方式是获得明晰的教育信息——道德相对主义与矛盾情绪会使他们心智冷漠；(2) 年轻人是从榜样行为的正面例证中学习的。比起大量抽象的"不要做什么"，一个关于光辉美德的鲜活实例可能是更有力的教育工具。(3)年轻人具有活跃的、渴望寻求新知识的心理。他们并不是非常脆弱，真正的危险不在于他们受到不健康信息的干扰，而是因无法提供充足的鼓励而使他们失去道德学习的兴趣。(4)年轻人的心智具有极大的灵活性——他们既能够吸收自身文化中的传统智慧，也能在需要的时候为自己作出明智的选择。

我从未听说过有任何一个年轻人因为见证他人的信仰表达而受到伤害，即便这种精神信仰的形式是他们完全不熟悉的。相反，年轻人通常会 xiv 被这些表达所吸引和感动，并且这种形式越是异质的，他们就越有可能感兴趣而非感到困扰。公民自由往往关注少数群体的权利以及神权政治压迫的危害，在某种意义上，这些一定是值得教授的成人课题，但却不是年轻人道德引导的前沿问题，他们需要通过更多基础课程的学习来理解核心准则，例如诚实、同情、责任、尊重和公平。因此，不应该将"以成人为中心"的思维方式作为理由，审查删减公共学校中独特且有力的积极道德激励方式。现在公立学校已经步入向不同道德理念再次开放的时代，尤其是在多样化的宗教与世俗框架下，学生自由表达其精神信念的环境中。① 因此，年轻人需要他们能够获得的所有激励方式。

本书章节安排

本书中的各章节旨在为当下品格教育的开展指明方向，并借此机会

---

① 我们希望给儿童传递一些核心理念，要求儿童能够欣赏这些理念的宗教根源，以便能够完全领悟它们的道德意义。"职业伦理"(work ethics)正是我们脑海中一个这样的概念。如果不清楚"使命"(calling)是一个受宗教启发的概念，简而言之，它是"职业"(vocation)这个词的原始词根，那么"工作"(work)这个词语只会被理解为一种惯例或一项恼人之事，实际上通常会有人这么理解。我曾听到过心怀不满的工人，甚至杰出的社会科学家也在以这种方式来描述"工作"一词。然而，"职业伦理"应该是一则鼓舞人心的祷文而非一种压迫的禁令。因此，需要向年轻人讲授这一信仰的根源，即个体需要通过职业来服务上帝以及我们的人类同胞。

为品格教育的进步与发展提供必不可少的教育策略。综合来看，各章节尝试为这样一种发展提供了一种综合方案。

亚瑟·J. 施瓦兹（Arthur J. Schwartz）为我们确立了品格教育新纪元的起点：我们不再被"谁的价值观"这个问题分散注意力，而影响品格教育的努力。这个问题已经通过我们整个社会所达成的共识得到了解决，形成了一种广泛的、不言而喻的认同，即每一个儿童都需要获得关于文明生活的核心价值观，且这些价值观是所有负责任成年人所共同珍视的。现在xv我们可以停止在不必要且不确定的问题上浪费时间了，相反，我们可以在更有意义、更复杂的问题上取得进展，即如何将这些价值观传递给年轻一代，并通过这种方式优化他们的行为、提升他们的人生目标。施瓦兹对这个问题独具匠心的回答兼顾了传统与创新。他建议在课程中重新引入名言警句，并对在学校中如何使用荣誉准则进行了考察，这些都应成为所有教育者的必读内容。

遵循施瓦兹提出的主题，克里斯蒂娜·霍夫·萨默（Christina Hoff Sommers）指出为什么是"相对主义"，而不是"灌输教化"对当下年轻人的道德发展造成了威胁。她首先列举了一个关于矛盾情绪的例子——"欺骗是对还是错"，在一般情况下，这个例子都会是可笑的。不幸的是，正如我在各层级教育系统所经历并发现的那样，萨默启发我们窥见威胁学生品格和学术机构诚信的"恶瘤"（详情见下文）。同时，萨默提供了一种道德教育的经典视角，这一视角起源于亚里士多德及奥古斯丁哲学的教育原理，旨在修正由卢梭及其现代追随者煽动的自由放任主义。萨默向我们展示了误导性观点对我们的影响程度——错误思想通过描述带领我们找到更好方式的途径，为我们指引方向，并为我们勾画未来的蓝图。

教育就像医学，是一个实践领域；但同医学一样，为了将无效（甚至危险的）实践从有益实践中剥离出去，需要科学基础。品格教育中的分支领域已经用了数十年的时间来构建一个科学基础。对此，马文·伯科威茨（Marvin Berkowitz）为我们进行了一种最前沿的阐释。这一章的重要性在于，作为一个宝贵的科学现状陈述，包含了翔实的论据支持；此外，伯科

威茨还指出了一些关键点位，对本书的重要主题进行了强调。他反对那些
分裂本领域的错误对立观点，并最终创设了一种"综合体"，这一点应该
会吸引一大群实践工作者（理论家和哲学家是另一码事，他们太享受争论 xvi
而不能全然接受任何综合体）。同样，伯科威茨尽心尽力地对我们未知和
已知的内容都进行了清晰论述。这是非常有价值的，具体体现在两个方
面：首先，随着科学基础的扩充，他要求我们的教学方法也要乐于改变；
其次，他提醒我们需要对任何尝试使用的方法保持谦虚谨慎。谦恭既是品
格教育者培养学生的目标，也是教育者自己在实践工作中需要的美德。

　　劳伦斯·J. 沃克（Lawrence J. Walker）同样带我们浏览了一些科学文
献，但有更独特的目标。沃克提倡一种基于美德伦理的品格教育"真人榜
样示范"途径，即被他称为道德典范的方法。在科学和教育领域，这种方
法的优势都是相似的：它可以解决伯科威茨等人认为无效的对立观点；并
且提供了一种能激发兴趣、引人入胜的方式，将道德包含的所有元素融入
人们的具体生活中。虽然以前也有人探索过这种利用道德典范进行科学研
究和教育实践的方式，但沃克强有力的分析超越了此前的研究，揭示了这
样一种道德典范方法的前景和重要意义。

　　因道德原则而崇高的勇士是道德楷模的一个原型，南希·谢尔曼
（Nancy Sherman）阐释了禁欲主义法则如何支持像海军飞行员詹姆斯·斯
托克代尔（James Stockdale）一样的忠勇之士的决心和行为。谢尔曼认为
禁欲主义法则是敏感且能唤起共鸣的。她指出当禁欲主义法则被完全理解
时，能为我们在压力情况下管理和控制情感提供一种道德习惯，这为通常
回避内在情感管理问题的道德教育研究作出了独一无二的重要贡献。而谢
尔曼同样看到了禁欲主义哲学的局限性，告诫人们过度的刻板僵硬可能导
致情感冷漠，甚至可能失去道德回应的移情能力。她独创的解决办法——
"人性化的禁欲主义"——使品格教育的启示远远超越了她所工作的军队
环境。

　　谢尔曼指出，在一次举国震惊的作弊丑闻之后，她受到海军牧师的 xvii
委派，开始在美国海军军官学校任职。那次出访由我陪她一同前往，当时

9

的印象在我脑海中历久弥新。这里是一群极具奉献精神的官员、教职工和军校学生，因为他们最引以为傲的海军传统之一——受人尊敬的荣誉准则——被违背而心痛欲裂。这种事为何会发生？我个人得出的结论是：荣耀背后的伦理问题与反对欺骗制度的道德基础并未被军校学生正确理解，原因很简单，他们并未受到过悉心教导。我坚信谢尔曼教授的伦理道德课程对于改变这种现状会大有裨益。

这是一个好消息。坏消息是在全美中小学和大学中普遍存在着诸如此类甚至更糟的问题。导致作弊的大部分原因是学校中缺乏明晰的价值澄清。在萨默那一章中，她描述了学院教职工和学生之间的价值澄清模糊。教职人员"不相信测试"或是学生"不喜欢"不能作为一种抗议理由来为"不诚信"辩护。这不是"公民不服从"（Civil Disobedience）[①] 中的一种合法行为，在"公民不服从"情况中，反抗者公开承认破坏规则并勇敢接受社会的制裁。相反，这是一个欺骗式、自利性且有点"鬼祟"的行为，是迈向个体无责任感的一步。当老师告诉学生，他们不能因为学生在不公平或无意义的考试中作弊而责罚他们时，或者更糟的是，当老师怂恿学生作弊，并以此作为提升教师业绩评比的方式（正如新近发生、令人难以置信的报告所证实的那样）时，这就是"道德误导教育"。它正在训练学生成为不诚信的人。任何为了测试、比赛或其他目的而产生的思想立场都不能为此辩护。如果有一种现象叫作"教育玩忽职守"，这就是一个最好的例子。

F. 克拉克·鲍尔（F. Clark Power）探讨了在他所工作的学校中发生的一个作弊事件，为我们提供了又一个关于此类道德问题的发人深省的例证。学生努力区分合作与不诚信之间的区别。一个年轻的女孩认为将自己的作业与朋友分享的行为是和特蕾莎修女一样的利他主义者！学生需要教师引导他们学会尊重学校的规则，但鲍尔写道："许多教师只是单纯地帮

---

① 公民不服从（Civil Disobedience），指发现某一条或某部分法律、行政指令不合理时，主动拒绝遵守，但并不将其诉诸暴力。它是非暴力抗议的一项主要策略，也是人们反抗法律不公的方法之一。——译者注

助（而非）教导……（以及）提出问题（而非）回答问题。"尽管鲍尔比我　xviii
更容易同情这类教育，在这一章中，他提供了一个切中要害的解释，来说
明他的导师劳伦斯·科尔伯格是如何在生命终点转向偏社会学立场，并最
终接受了涂尔干的观点——构建道德教育的权威结构。在这种更为传统的
观点中，教师成为了一个传递文化智慧的年长合作者。鲍尔将这种途径命
名为"反主流文化的"，这仅仅是一种讽刺。他指出，西方文化总是以开
放的态度对待变革，因此总是进行着文化自省。传递西方文化意味着广泛
交流这种动态精神，也不失为一种引导年轻一代获得民主激情的方法。然
而，鲍尔所反对的主流文化正是目前公立学校中普遍存在的校园氛围。这
里，鲍尔与本书中的其他作者紧紧保持一致，共同致力于改善目前大多数
学生所接触的散漫零落的道德环境。

阿米塔伊·埃蒂斯尼（Amitai Etzioni）提出的"社群主义组织"对帮
助品格教育工作者在全国范围内发起广泛对话起到了至关重要的作用，并
使这种对话在成为政治热点之前得到了政策制定者的重点关注。该组织在
20 世纪 90 年代召开了多次具有影响力的学术会议，包括我在上文提到过
的早前召开的白宫会议。在这一章中，埃蒂斯尼探索了品格教育的"社群
主义立场"，核心内容包括：（1）确认核心价值观；（2）提升儿童内在的移
情能力，促进儿童与他人的依恋关系；（3）传授来自于合法性权威的纪律
准则，使其成为儿童自己的内在信仰体系。

与本书中的其他作者一样，埃蒂斯尼指出道德价值观绝不是任意的
（他写道："价值观并不是依靠自己的翅膀随意飞翔的"），并以此来探讨
"谁的价值观"问题。埃蒂斯尼将目光投向家庭、学校、志愿组织及宗教　xix
场所等社会机构，试图将它们作为参照点，从中寻找我们必须传递给年轻
人的价值观。他认为，我们的学校应该与社区契合，而非远离，我们的学
校不应该成为专家的"保护飞地"。在 20 世纪的大部分时间里，过度专业
化导致人们对道德价值观和品格教育的忽视。埃蒂斯尼提醒教育者，并指
出培养学生的品格是十分必要的，即使对学生的学术使命而言也是如此，
"你不能往一条尚待浇铸的铁船上装载货物"。

在安妮·科尔比（Anne Colby）的这一章中，她力图将重建学生的道德和品格作为高等教育的中心任务，并为这个伟大的信仰而斗争。大部分高等院校在最初建立时，都致力于促进学生的道德发展，但随着高等教育逐渐转向专业化和领域化，最初的"全面学生"计划已经被抛弃了。那些想"夺回旧地"的人遭遇了巨大的阻力。科尔比以无懈可击的逻辑呈现了品格教育所面对的每一种阻力，并有效驳倒了阻碍高等教育阶段品格教育发展的每一种人们所熟知的反对意见。科尔比在这章将激励和保护高等教育中的那些人，这些人大胆而又足够关心自己与学生的道德生活，却发现自己正被那些希望保持象牙塔是纯粹知识和价值中立世界的人包围着。

在本书中，欧文·克里斯托尔（Irving Kristol）修正了他最初在20世纪70年代——道德教育价值中立方式的全盛期——所提出的独到见解①。他在这一章中提醒我们，儿童的个体发展需要他人以及能够提供持续道德支持的机构的引导。和萨默一样，他反对目前学校中盛行的卢梭主义观点：认为成人的任务就是给儿童让路，使他们本性中的善良自然浮现。克里斯托尔指出，在任何道德教育的尝试中，"权威"都是必要的。他经过深思熟虑，使用了"权威"这个概念。首先，他明确提出"合法性权威"；其次，他对"合法性权威"和包含"专制"与"放任"的两种不合法性极端进行了区分。然而巧合的是，克里斯托尔的见解与儿童心理学的实证研究结果一致，"专制"（"按我所说的做"）与"放任"（"做你想做的"）具有相似的不良影响——将儿童训练成不负责任以及无能的人，而"合法性权威"（"这是应该做的事，并且为什么要做，让我们公开讨论并就此达成相互理解"）的一致性才是培养儿童的可靠良方。②

克里斯托尔同样指出"权威"与"自由"是密不可分的，事实上，没有合法性的语境和可预测的权威，自由是不可能的。对我而言，这是本

---

① Ryan K. and D. Purpel, *Moral Education: It Comes with the Territory*, New York: Basic Books, 1977.

② W. Damon, *The Moral Child*, New York: Free Press, 1990; W. Damon, ed. *Handbook of Child Psychology*, 5th ed., Vol. 1-4, New York: John Wiley and Sons, 1998.

章最重要的问题之一，因为在教育界中这一点很少得到人们的理解或赞赏。这也是为什么仍然有一些人让孩子读爱米尔·涂尔干作品的原因。涂尔干的理论精确地解释了这个原因，如同克里斯托尔写道："在权威情况下，权力并不具有强制性，因为它是植入式的，无论多么朦胧隐约，具有一种与受制于该权力个体的道德情操及道德理想一致的道德意图。"因此，在某种程度上，正如克里斯托尔所言，教育是一种"合法性权威训练"，它为思想发展提供道德引导，是一种促进个体自由和品格构建的力量。

追忆过去，展望未来

本书中的九位作者对品格教育未来指向的阐释均是基于对过去的认知。从表面看来，目前品格教育方面的努力基本上是出于善意，但良好的初衷也有可能被误导。就我个人经历而言，我见到过很多教育者因为真诚地希望学生能够获得美德和道德理解而犯下了错误。我见过一些肤浅的教育项目，仅要求学生背诵诸如诚实、节制、尊重等美德词汇，这些词汇只是从学生左耳进、右耳出；我也曾见过成人向孩子发出"不能做某些行为"的警告，但自己却"以身试法"；和萨默一样，我曾听到过教师暗示学生，可以在看起来无意义的考试上作弊；我曾见过在酗酒问题上，成年人给未成年人的建议竟是不超过"一小时一瓶"；我也见过当学生以粗暴、不公平的方式对待他人时，老师却视而不见。

这些"三心二意"且相互矛盾的信息传递往往使品格教育变得无效。儿童会忽略成人以表面的、模糊的方式传递的理念，而精明地识别出其"亚语境"。他们喜欢探索"半禁区"。任何以"我但愿你们不要这样做，但如果你们还是这样做了，请记住……"开头的教导，都是一种难以抵制的诱惑，邀请学生加足马力来尝试。劝阻儿童不要作出伤害性行为的唯一方式是引导他们真正理解并重视起来。让儿童停止欺骗的唯一方式是告诉他们那是不正确的，并解释为什么（它是不公平的，它是不值得信赖的），并实施严厉的处罚。防止酗酒和药物滥用的唯一奏效的方法是避免接触这些危险物质，只有这样才能减少而非增加危险行为。然而，向儿童传递"不要"，只是成功品格教育项目中的一小部分。品格教育必须得有积极的一面，呼吁儿童服务他人并为更崇高的目标奉献。长远来看，是"激励感"支持着良好品格的发展。对崇高目标的承诺能使熟悉的"禁令"变得没有必要，正如在体育运动中，最好的防守即有力进攻。

慈善工作是一种将学生引入更广阔目标的方式。研究显示，在社区服务项目中，特别是在学生服务他人的过程中融合他们对道德与个体重要性的反思时，才能成为一种有力的道德发展孵育器①。精神信念为学生提供了崇高目标的积极暗示。另外一种至高无上的目标是爱国情怀和无私奉献的精神。如果这个国家是一座代表民主和自由的灯塔，那么这将是一种高尚的情怀。在此意义上，代表这种奉献精神的一个最朴素的词语是爱国主义，一个近来在很多教育背景中并不那么受欢迎的词语。然而现在，当正派社会呼吁人们与邪恶的国际恐怖主义斗争时，应该恢复崇高爱国主义的正当位置，使其成为我们年轻人的一种高尚"动力源泉"。为了彻底实现品格教育使命，学校必须向这些激励之源敞开，成为一个所有学生都能发现自己道德使命和崇高意志的地方。

xxii

---

① M. Yates and J. Youniss, *The Roots of Civic Identity*, New York：Cambridge University Press，1997.

第一章　在高度自治时代传播道德智慧

亚瑟·J. 施瓦兹（Arthur J. Schwartz）

　　尽管目前仍然存在一些小的争议，来自一线的报告却是明确的：关于"谁的价值观"这个问题的争论已经终结。在近 20 年的时间里，这场文化之战一直持续着，导致一些品格教育者、学生家长及部分公民与（在学校内外）对品格教育议程持高度怀疑态度的人士陷入对立之中。最终，我们学校中的最直接利益相关者，即地方教育者、家长以及公民领袖自己回答了这个令人苦恼的问题，他们一起来到像查塔诺加和芝加哥这样具有高度多样性的社区，共同反思、识别并确认一套核心价值体系。即便是快速一瞥，我们也能发现这些"价值清单"上所反映的诸如"诚实"、"同情"、"尊重"等道德原则，正是家长希望孩子能在校学习、每天实践并永远珍视的品质。然而，全美的学校和社区以令人瞩目的高度清晰与统一，将"谁的价值观"这个问题搁置起来。

　　目前，这个争论转变成一个同样棘手的问题："教育者应该如何将这些核心价值观传递给学生?"我有意用了"传递"这个概念，考虑到这个词在当代并不太通用，对很多人而言，这是一种"外在的"、"冷漠的"并且会在学生学习过程中降低其能动性的教育方法。我并不赞同"传递"（transmission）的这层含义，传递道德知识与理想对美国社会的"道德健康"是至关重要的，关于这个问题我将在本章中具体阐释。

　　我认为，我们不再使用"传递"这个词，因为有些人担心这个概念会引导我们滑入深渊，跌入一个"罪恶至极"的道德术语——"灌输"

(indoctrination)。事实上，从劳伦斯·科尔伯格 1971 年写的开创性文章《灌输与相对论在价值教育中的对抗》(Indoctrination Versus Relativity in Value Education) 到阿尔菲·科恩 (Alfie Kohn) 在 20 世纪整个 90 年代所发表的文章中，一些学者和进步主义教育者始终担心的一个问题是——品格教育的宗旨会导致我们对学生进行灌输①。例如，科恩1997年在美国著名教育杂志《费·黛尔塔·卡朋》(Phi Delta Kappan) 发表的文章中写道：

> 让我开门见山地说重点。时下，所谓的品格教育，在多数情况下，是一种包含规劝和旨在使学生更加努力并听话的外部诱导因素。即便弘扬了其他价值观——比如说，关心和公平——其所推崇的教导方式也无异于**灌输** (强调为笔者所加)。②

秉持该观点的并非只有科恩一人。当我提出目前仍然有一大群进步主义教育人士及学者还在担心品格教育是否应该扎根学校，以及我们的下一代是否会盲目顺从于权威、非理性爱国，甚至更糟糕的是，过分虔诚或偏执于此的时候③，我并没有夸大这些问题。

---

① 参见 Lawrence Kohlberg, "Indoctrination versus Relatively in Value Education," *Zygonu*, 1971, pp. 285-310。

② Alfie Kohn, "How Not to Discuss Character Education," *Phi Delta Kappan*, 1997, pp.429-439.

③ 参见 Michael Apple and James Beane, eds., *Democratic Schools*, Alexandria, Va.: Association for Supervision and Curriculum Development, 1995; James Beane, *Affect in the Curiiculum*, New York: Teachers College Press, 1990; Rheta De Vries and Betty Zan, *Moral Classroom, Moral Children: Creating a Constructivist Atmosphere in Early Education*, New York: Teachers College Press, 1994; Deborah Meier, *The Power of Their Ideas*, Boston: Beacon Press, 1995; George Noblit and Van O. Dempsey, *The Social Construction of Virtue: The Moral Life of Schools*, New York: State University of New York Press, 1996; David Purpel, *The Moral and Spiritual Crisis in Education*, New York: Bergin & Garvey, 1989; Gregory Smith, *Public Schools That Work: Creating Community*, New York: Routledge, 1993。

为了防止学校走上由价值观传递而致对学生进行灌输的冒险之路，进步主义教育人士建议道德教育的终点应该是至高无上的道德自律。教师应该鼓励年轻人"编撰"自己的道德章程。正如马克·塔潘（Mark Tappan）与林恩·布朗（Lynn Brown）写道："极其确定的是，品格教育项目并没有鼓励学生通过自己的道德经验学到任何东西，因为这样的项目否认学生在其生活中有任何真正的道德权威。"① 与通常被认为是"教条主义"的品格教育相反，塔潘和布朗建议教师应该为学生提供反思和讲述自己道德故事的机会（通过诗歌、论文、戏剧、视频等）。通过这种方式，教师可以帮助学生"抵抗、克服社会与文化的双重压迫"，实现有道德地发展。然而，塔潘和布朗也承认这种强调和关注在学校中是十分罕见的，但他们认为，"想要创设一种教育环境，使所有学生都能**接受**一套固定的传统价值体系、美德观念以及行为准则，即便有可能实现，也是十分困难的。（强调为笔者所加）"②

撇开个体自由的鼓动性言论，我从搜集到的进步主义教育人士的文章中推断，在他们看来，只有当"诚实"、"关怀"等价值观构成学生自己的道德认同时，学生才能成为诚实、关心他人的个体。这种道德认同的概 念首先关注的是道德感受和自我表达的真实性（"感觉好才是真的好"）。此外，这些教育者反复地强调，学生如果因为家长、教师、导师、拉比③或者牧师认为诚实、关怀等价值观是重要的，而成为诚实、关心他人的人——这种价值观的获得方式是极其错误的。进步主义教育人士排斥价值观的代代相传，认为其在本质上是传统的、支配式和父权性质的。简而言

---

① Mark Tappan and Lynn Mikel Brown，"Stories Told and Lessons Learned：Toward a Narrative Approach to Moral Development and Moral Education，"*Harvard Educational Review*，1989，59（2），pp. 182-205.

② Mark Tappan and Lynn Mikel Brown，"Stories Told and Lessons Learned：Toward a Narrative Approach to Moral Development and Moral Education，"*Harvard Educational Review*，1989，59（2），p. 199.

③ 拉比（rabbi）是犹太人中的一个特别阶层，主要为有学问的学者、老师，其社会功能广泛且社会地位十分受尊崇。——译者注

之，"道德脐带"必须被清晰地、完全地割断。米哈埃·巴赫金（Mikhael Bakhtin）是诸多进步主义教育者最喜爱的理论家，从他的论述中可以总结出："一个人，即便是因为受到他人影响或是外界不断刺激而发出声音，也迟早会从他人的话语权威中**将自己解放出来**（强调为笔者所加）①。"

正如阿拉斯代尔·麦金太尔（Alasdair MacIntyre）所强调，不惜任何代价来实现道德自律、自由解放和转变，其实是一座"坟墓"或一种"文化损失"②。对我而言，获得自治权或者"拥有"属于自己的道德声音意味着将自己从个体的核心价值观念的来源渠道——父母、导师、宗教及诸如童子军活动、体育运动等调节机制中——解放出来，这种观点似乎很奇怪。约翰·杜威的教育哲学一直被当代进步主义教育家视为一种激励和理想；然而，即便是杜威，也明白需要进行价值观的传递。在他的经典著作《民主与教育》（*Democracy and Education*）中，杜威写道："社会不仅通过传递、通过沟通**继续生存**，而且简直可以说，社会在传递中、在沟通中**生存**。（强调为笔者所加）③"正如杜威所倡导的，本章的目的在于探索将道德智慧从一代向下一代传递的重要性。

接下来，我认为家长、教师和学校正以诸多创造性方式、不同情境在向孩子和学生传递核心价值观念，这种传统形式的品格教育对儿童和青年人的影响通常是"深入骨髓"的；然而，很多进步主义的教育策略却没能达到这一目标。具体而言，我认为品格教育的两种经典形式必然要求道德传递的过程。首先，我审视了家长和教育者是如何通过运用并强化一套具有激励作用和道德意义的警世箴言及至理名句来向青少年传递价值观念的。其次，我考察了教育者是如何通过校本荣誉准则（honor codes）向高年级学生传递诚实、信任、正直等价值观。通过对道德教育的这两种经典

---

① 参见 Mikhael Bakhtin, *The Dialogic Imagination*, C. Emerson and M. Holquist, trans., Austin: University of Texas Press, 1981, p. 348。

② Alasdair MacIntyre, *After Virtue*, South Bend, Ind.: University of Notre Dame Press, 1981.

③ John Dewey, *Democracy and Education*, New York: Macmillan Publishing, 1916, p. 4.

形式进行梳理和考察，我旨在阐明传递核心价值观念和理想的特点和效果。此外，我进一步探究了教授学生箴言并在高中阶段实施荣誉准则制度，是否会成为道德教化的一种形式。最后，我预测到、且勇敢地面对了一个所有进步主义及品格教育者都十分关切的问题：向青少年传递道德箴言和荣辱观念，是否会抑制或妨碍他们道德自律意识能力的发展？

赖以生存的箴言

在过去的数年间，我逐一询问了上百名处于不同年龄阶段的人，希望他们跟我分享其所承袭到的箴言或谚语。例如，我最好的朋友告诉我，在他成长的过程中，他父亲经常告诉他，"值得做的工作也一定值得做好"（"A job worth doing is a job worth doing well"）。至今，每当他接手一个工作项目时，父亲的话音总在他耳边响起。事实上，当我在写这一章时，我12岁的儿子，泰勒告诉我他在与朋友克里斯交谈时学到的一句箴言。当时他们正在讨论打破学校英里赛跑记录对任何人来说都是多么的不易。克里斯转过来，对泰勒说，"也许是这样的，成功者决不放弃，放弃者决不成功"（"Winners never quit, and quitters never win"）。这并不奇怪，克里斯告诉泰勒这是他的足球教练最常说的一句话。

我将箴言定义为根本原则或行为准则的简明公式。一些学者经常评论道，这些至理名言的吸引力在于其简洁性、令人难以忘怀的本质、有效性以及持久性。尽管有些箴言具有明显的道德目标 ["言而有信的人才值得信赖"（"You are only as good as your word"）]，有些却显然没有 ["眼不见，心更念；人不在，情更深"（"Absence makes the heart grow fonder"）]。我个人的研究兴趣在于探究家长、家庭成员以及教师如何将具有道德激励作用（至少是潜在的）的金玉良言传递给学生。

这些箴言构成了文明社会的"记忆银行"。人类保留这些醒世名言，是因为它们对超越某种特殊文化和社会的习俗传统的根本原则进行了浓缩处理。许多箴言的刻板词序和古老词汇超越了说者本身 ["己所不欲，勿施于人"（"Do unto others as you would have them do unto you"）]，也对其永恒性和道德权威感进行了标记。实际上，箴言揭示了另一方，即年长者、贤能之人或神圣祖先威严的声音。不论这些箴言是否体现了普遍真理或社会规范，它们都毋庸置疑地汲取了智慧的表达方式，或者被迈德（Meider）及其同事称为，在特定文化或社会之内"具有普遍通用性、世人皆知的真理"①。

年轻人一般在某些特定的社会情境内，从他人——通常是家长、亲戚或老师那里，听到并习得箴言。在多数情况下，人们讲出或传递某一箴言是为了进行劝诫、说服、激励、警示或表明某种看法。在童年时期，我们中有多少人，听到过母亲告诉我们及正在抱怨的兄弟姐妹，"二错相加仍是错"（"Two wrongs do not make a right"）？作为青少年，我们通过母亲对这句训词的反复使用来理解其含义。母亲可能从未有意识地向我们解释这些箴言的含义或者她们是如何学到的，以及为什么这些箴言对她们而言是意义非凡的。尽管这些话语大多是在兄弟姐妹间发生冲突（"他先打我的！"）的情况下使用的，但我们最终将其意义扩展至非手足之争的情形中加以运用。现在，我们也会和母亲一样，在完全相似的场合中，对我们的子孙后代使用这句箴言。

有趣的是，越来越多的研究表明，某些文化比其他文化更强调"谚语的传统"。有充足的证据显示，作为重要的"文化纪念品"，非洲裔美国人文化中的谚语具有悠久而辉煌的历史。但他们几乎很少在正式场合教授儿童这些旷世真理，而这些真理通常是青少年在与家庭成员和年长者交流互动的过程中被发现的。在普拉哈拉德（Prhalad）的杰作《语境中的非裔美国谚语》（*African-American Proverbs in Context*），他回忆了自己是如何开始欣赏这样一种语言形态的魅力的：

① 参见 S. Meider, S. A. Kingsbury, and K. B. Harder, *A Dictionary of American Proverbs*, New York：Oxford University Press, 1992。

我在很小的时候就爱上了谚语。我开始从日历中搜集他们，并向老人询问它们的含义……作为我人生经历的一部分，当有人带我在树林中漫步并向我展示这些植物的美丽和神奇时，我可能会听到一句谚语，或者听到一些不可思议的故事，诸如受奴役的祖先们的壮举，伴随着这些故事通常会有一句谚语。①

普拉哈拉德认为，整体而言，从非裔美国社区内成人与儿童的互动关系来看，家庭是使用谚语和箴言的最佳环境。通过对多种来源得到的数据进行分析，他得出一个结论："当调查者被问及他们从哪里学到现在所使用的谚语时，大多数例证表明是通过家长在他们面前使用时学习到的。"

普拉哈拉德的大部分实地调查工作的关注对象是被他称为"谚语主人"（"proverb masters"）的个体。他的研究显示，这些个体有一些共性特征：（1）他们通常成长在一个已经有"谚语主人"的家庭中，从一位年长的亲戚，比如奶奶那里学习、理解并运用谚语；（2）一直以来，他们更趋向于与这个人保持情感联系；（3）他们通常承担着非裔美国文化传统的承袭者与积极守护者的职能。普拉哈拉德认为，更重要的是，这些男性和女性在幼年时期就开始成为"学徒"，模仿父母或祖父母所使用的谚语，并与操场上的其他儿童一起分享这些至理名言。

普拉哈拉德同样记录了儿童是如何经常从老师那里听到并学习某些箴言和谚语的。例如，他向我们介绍了在加州奥克兰金门小学（Golden Gate Elementary School）教书的桃乐茜·碧莎珀夫人。在学校实地调查中，碧莎珀夫人通过使用不同的谚语来激励学生，这让普拉哈拉德感到十分惊讶。实践证明，教师通常会在课堂上使用箴言，并将其作为对学生进行激励［"不入虎穴，焉得虎子"（"Nothing ventured，nothing gained"）］、警示［"一报还一报"（"What goes around comes around"）］或引导［"恶

8

---

① Anand Prhalad, *African-American Proverbs in Context*, Jackson：University Press of Mississippi，1996，p. 122.

言不如沉默"（"If you cannot saying something nice, say nothing"）］的工具。

著名教育哲学家伊斯雷尔·舍夫勒（Israel Scheffler），在新近回忆录《青年时代的教师》（*Teachers of My Youth*）中，对一位老师重视让学生背诵并记住圣经中的章节的意义和价值进行了反思：

> 在记忆和背诵时，我们不仅需要使用我们的眼睛和耳朵，也要使用我们的声带；不仅要用我们的感官，而且要用我们的运动机能，来获得创造这些语句的感觉。当这些语句变成我们自己的语言，并且偶尔会自然地从脑海中迸发出来时，无需收到邀请，它们便能自由地出现并歌唱。**现在，这些语句还是时常出现，我非常感谢雷戴克先生（Mr. Leideker）重视了这样一种现在被斥责为过时的教学方法**（强调为笔者所加）。①

9

十分清楚的是，重复大声诵记某句箴言或将其记录在抄写本上是一种由来已久的记忆策略，往往是父辈和老师那一代人所使用的记忆方式。无论是普拉哈拉德的"谚语主人"还是像"雷戴克先生"一样的教师，年长者承担了向青少年传递这些智慧箴言的历史责任。

让我再次声明我的观点：教师应该努力使学生依靠自己对一组箴言或谚语的情感或经验的联系与依赖，而不是依靠不明智的、目光短浅的记忆策略，来赋予这些至理名言个体意义。无论在运动场上，音乐厅内，还是有公德心的道德生活中，训练和实践都是获得成功的必要环节。如果只是一味地引导学生将记忆与他们的生活经验相联系，脱离其他教育策略，那么训练意味着扼杀。记忆调查研究证实，当与有意义的体验、情感以及个人动机联系在一起时，信息可以更快速也更稳固地被植入记忆中。然而，我建议品格教育者应该在学校和课堂中，运用这种传统的方式来挑战学生

---

① Israel Scheffler, *Teachers of My Youth: An American Jewish Experience*, Boston: Kluwer Academic Publishers, 1995, p. 98.

对这些箴言的记忆力，并通过开发创造性的教育策略来帮助学生将这些特殊箴言与他们的经验、感受以及积极性联系起来。

假如一个高中老师希望学生学习克里斯多夫兄弟（Christopher Brothers）的启发性谚语，"与其诅咒黑暗，不如点亮一支蜡烛"（"It is better to light a single candle than to curse the darkness"）。教师可能利用一系列教学策略，引导学生将这则谚语的含义与他们自己的道德体验及道德认同联系起来。何时他们需要站起来对抗一个错误或不公的问题，而不是选择逃避？她也许会解释为什么这则谚语对她来说是重要的，也许这正是她成为"国际特赦组织"（Amnesty International）中一名成员的原因，她也许会提供体现这则谚语的历史上或当代的道德榜样实例，例如亚历山大·索尔仁尼琴（Aleksandr Solzhenitsyn）和特蕾莎修女（Mother Teresa）。最终，她需要开发一种评价工具，来判断学生是否获得了掌握该谚语含义及重要性的能力。当然，评价内容也应包括学生是否能够成功记住这则谚语。

能够识记箴言为什么是一种非常重要的教学成果？我认为赫希（E. D. Hirsch）及其同事提出的观点是正确的，存在一些每一个美国人都需要知道的箴言和谚语①。正如利益相关者通过争论最终得出的共识——需要这样一组核心价值观念，作为品格教育项目的路标。而我认为，地方社区和教育者需要识别出：对于学生的学习而言，哪些箴言是最为关键或至关重要的。② 我

---

① E. D. Hirsch, J. Kett, and J. Trefil, *The Dictionary of Cultural Literacy：What Every American Needs to Know*, New York：Dell Publishing, 1998.

② 在约翰·邓普顿基金会（John Templeton Foundation）的支持下，许多社区和学校开始帮助学生确立一套核心箴言。例如，在唐纳德·比格斯（Donald Biggs）与罗伯特·科里萨特（Robert Colesante）的领导下，最近纽约州奥尔巴尼市（Albany）中小学的学生开始对本市的成年人及教师进行访谈，旨在了解在非裔美国人社区中，人们通常使用哪些名言警句来向他人传递努力工作与设定目标的重要意义。参见 Robert Colesante and Donald Biggs, *The Fifth Albany Institute for Urban Youth Leadership Development Teaching and Advocating for the Work Ethic*, Final report to the John Templeton Foundation, 2000。

需要重点强调的是，教育者和年长者肩负着有意识地向年轻人传递"文化纪念品"的历史责任，新世纪中一些年长者已经为年轻人提供了学习的机会，帮助他们成为负责任的成年人。当下，我们面临的挑战是既强调个体意义，同时又兼顾历史悠久且具有道德力量和激励作用的箴言记忆方法，从而推动品格教育向前发展。

赖以生存的荣誉准则

大量的事实表明，当下教育者正在努力寻找一种有效的方式，在小学阶段以以外也能向学生传递并教授核心价值观念。毫无疑问，多数品格教育项目强调的是专为 K–6（幼儿园至小学六年级）学生设计的核心价值观。当学生进入中学后，所谓的品格教育早已被吞并、冲淡，成为了仅仅旨在防止有害行为，包括预防饮酒和药物滥用、阻止暴力及预防怀孕的一种教育。这些防治项目大多关注中学生应该避免的行为，却很少（即便存在的话）积极关注并重视在小学阶段被作为"道德试金石"的核心价值系统。但仍然存在一些显著的例外。在本章中，我将关注少数美国私立学校，这些学校拥有作为道德核心的荣誉准则体系以及由此不断涌现的其他与品格教育相关的活动。虽然这些学校没有鼓吹或表明荣誉准则是防范上述有害行为发生的一剂灵丹妙药，但他们却自豪地维护自己的荣誉准则系统，认为它们是学校管理者、高年级学生、家长以及校友向新生及返校学生传递学校核心价值观的主要教育工具。

在高等教育阶段，主要是在"美国学术诚信中心"（Center for Academic Integrity）的努力下，越来越多的高校正在发起确认基本价值体系的校园计划，以此来支持学术诚信标准。这些核心价值观念包括诚实、信任、尊重、公平和责任。最近，学术诚信中心发布了由唐纳德·麦凯布（Donald McCabe）及其同事收集的数据。调查显示，与通过其他活动方式来支持学术诚信重要性的高校相比，具有学术荣誉准则的学校确实具有较少的学生非诚信行为①。综合来看，这些事实与经验证据十分清楚且具有信服力，荣誉准则在向学生传递核心价值观方面是十分有效的。在以下内容中，我将重点探索其原因。

什么是荣誉准则？就中学而言，最简单地说，学校荣誉准则即为一组词语，用来阐释与学生的诚信及非诚信行为相关的学校政策。在大多数学校中，这项政策仅仅局限于学术方面，但也有一些学校的荣誉准则涵盖个体及社会责任的所有领域。无论这些中学生是通过阅读过学校手册，或在新生入学教育环节学习过，还是从学校教员及同学那里听说过这些荣誉准则，大多数学生认为荣誉准则仅仅代表了（至少最初是这样认为）与学术相关的欺骗、剽窃以及作弊等行为的官方禁令。大部分参与诚信教育（honor education）的管理者和学校教育工作者认为，在新生开始萌发与学校荣誉准则相关的个体权利意识之前，就需要获得与荣誉观相关的个体互动与体验。

目前，向学生传递荣誉准则的方式大多是分散且不成体系的。例如，在一些学校中，荣誉准则具有悠久的传统和历史，并且学校将这些关于历史和传统的故事通过多种多样的方式传递给新生——从学生手册及学校网站上的历史故事到谈话中的个人叙述，学校管理者、教职工、在读学生以及新近校友都在劝诫学生要坚持"（某学校）的荣誉体系"。所有学校（包括中学和大学）都在每学年初举办一场仪式或荣誉评议会，正式要求每一个学生进行宣誓（以书面或口头形式），声明他们会将体现在荣誉体系中的基本价值观作为生存的准则。当一个强大的荣誉体系开始启动实施时，荣誉准则也在整个学年中获得所有教职工的支持与强化。 13

在荣誉准则的传递方式中，最为关键的可能是作为荣誉体系的最有力捍卫者和倡导者的学生领袖与新生之间的互动，在多数情况下，这些学生领袖承担着对全体学生进行整个荣誉准则体系教育的最主要责任。教育

---

① 参见 Donald McCabe and Patrick Drinan，"Towards a Culture of Academic Integrity，" *The Chronicle of Higher Education*，1999。

者经常评论道，这些学生领袖所表现出来的奉献程度以及对荣誉准则中价值观的示范作用，对帮助其他学生理解该荣誉体系是至关重要的，能使他们将荣誉体系视为一个"可实现的理想"，而不是一个僵化的体系。也许，西点军校（West Point）荣誉准则委员会学生成员的座右铭最能说明一切，"教育越多，审查越少"（"The more we educate，the less we investigate"）。

最后，一些被指控或被发现违反荣誉体系的学生，接受荣誉董事会或委员会质询与听证的过程，也是一种十分有效的教育方式。在大卫·古尔德（David Gould）的《发展并维护荣誉准则手册》（*A Handbook for Developing and Sustaining Honor Codes*）一书中（仅针对中学荣誉体系），佛罗里达州波卡拉顿地区（Boca Raton，Florida）圣安德鲁中学（Saint Andrew's High School）的一名学生提供了自己的独特观点——当另一个学生出现在学校荣誉委员会时自己所经历的情况：

> 例如，被带到荣誉委员会前比学院院长面前的体验更加有冲击力。这里，学生不仅要面对一个不好的决议结果，同时还需要面对一群同龄人。虽然我从未出席过圣安德鲁中学的荣誉委员会，也不知道自己在听证过程中会有什么样的感受，但作为荣誉委员会的成员，**据我推断，"羞耻"一定是被带至委员会接受听证的学生最主要的感受**。一群同龄人，其中还可能有该学生的同班同学，一起控诉该学生的行为是错误的，不符合全体学生的期望。这样一种经历的作用不容小觑。我曾听说过或了解到，一些九、十年级的学生被带至荣誉委员会接受质询，后来，由于致力于诚信事务，在升为十一、十二年级的学生时，被学院教师和同学选中而加入了荣誉委员会（强调为笔者所加）。①

---

① David Gould, *A Handbook for Developing and Sustaining Honor Codes*, Atlanta：Council for Spiritual and Ethical Education, 1999, p. 55.

该学生使用的词语"羞耻"是非常重要的。除非理解了"荣誉"与"羞耻"的关系，否则荣誉的概念以及如何传递荣誉理想不能被完全理解和落实。戴蒙[1]曾经写道，"羞耻"是一种可以构成和塑造我们的心灵和思想的道德情感。这种羞愧感不是"有毒的"，绝不是在当代文化背景中的大多数情况下谈到"羞耻"时所理解的方式。相反，避免羞愧通常是一种有力的、正向的道德激励因素。[2]

希腊人对此非常清楚。"艾多斯"（Aidos）是希腊剧及其哲学中常见的一个词，表示对个人形象的敏感和保护。这种道德情感不仅仅是一种身体感觉，例如，恐惧或气愤；更多的是对自身的一种强烈的负面评价，是个体在认为自己犯下错误时产生的道德情感。[3]

在古希腊社会语境中，一个人若要感到羞耻，需要一些适当的要素。首先，需要有观众。不像内疚和尴尬，荣誉感和羞耻感与一群受尊敬的人密不可分。在语源学中，"荣誉"这个词清楚地阐明了这种相互关系。这个词由拉丁语中的"霍诺斯"（honos）演变而来，意思是授予他人的一项名誉（例如获得名誉学位）。因此，历史上，荣誉的概念不是你所拥有的，而是别人给予你的（那些受你尊敬或你希望得到其尊重的人）。例如，莎士比亚在《理查二世》（*Richard II*）中写道："我的荣誉就是我的生命，夺走我的荣誉，我的生命也将不复存在。"其根本核心在于，"荣誉"与"羞耻"的概念是与我们对他人的责任和我们对他人意见的在意程度密切相关的。

其次，需要强调的重点是，在希腊文化中，只有当个体达不到一种

---

[1] William Damon, *The Moral Child*, New York：Free Press, 1988.

[2] 关于"荣誉"与"耻辱"的概念只能在历史语境中加以理解。从历史角度看，男性和女性对于"荣誉"与"耻辱"意义的认识大相径庭。关于"耻辱"的女性主义分析，参见 Barbara Eurich-Roscoe and Hendrika Kemp, *Femininity and Shame：Women, Men, and Giving Voice to the Feminine*, New York：University Press of America, 1997。

[3] 受到道格拉斯·凯恩斯（Douglas Cairns）对于"艾多斯"概念的权威性解释的启发，参见 Douglas Cairns, Aidos, *The Psychology and Ethics of Honour and Shame in Ancient Greek Literature*, Oxford：Clarendon Press, 1993。

被塑造的人或想成为的人的道德理想时，羞耻感才会出现。希腊社会非常重视"人的美德"，并且认为美德需要在正确的时间，因为正确的原因，以一种正确的方式而获得。因此，只有当个体有很强烈的成为某种特殊的人的愿望——且这种愿望失败时，羞耻才会出现。也许，这可以解释为什么一个有荣誉感的人，即便不存在潜在处罚或被抓住的可能性时，也能坚持做正确的事。①

最后，希腊社会强调教育对荣誉是必不可少的。年长者很清楚，教育年轻人获得正确的欲望比立法和制裁更加重要。对希腊人而言（以及当下的人），存在三种历经时间检验的方式，教育者根据这些个体或学校所期望践行的方式来有效传递荣誉道德标准：（1）荣誉理想需要被清晰树立、强化并保护；（2）教师和年长者需要对荣誉标准中的基本价值观念进行统一的模式化塑形；（3）为年轻人提供荣誉理想及与之相关的充足实践机会（并使其最终成为习惯）。

在道德发展理论方面，最需要认清的是，人们对于荣誉理想的追求既是一种认知结果也是一种情感结果。亚里士多德将这种结果称为"灵魂的状态"（hexeis），一种持久且难以改变的稳定性情。换言之，已将这些荣誉美德内化的个体（也许是荣誉系统中的学生领袖）选择坚持这些荣誉准则，往往不是因为他们害怕遭到同伴的羞辱和唾弃，而是因为他们对非诚信行为产生了一种出于个体情感与本能的强烈厌恶。这也许能帮助我们理解"为了荣誉之爱"（"for the love of honor"）这句话的含义。即便是对荣誉概念没有更多情感联系的个体，也有一套坚定的"认知方式"。他们也许意识到自己永远不会为通过欺骗获得的任何东西而感到骄傲，他们也许会进一步认为欺骗对任何人来说都是不公平的，或者他们推断一个现在在学校会作弊的人将来更容易在其他情形下作出欺骗行为，即便是对至亲

---

① 柏拉图对"裘格斯之戒"（Ring of Gyges）提出了疑问——为什么人们不愿意通过佩戴这枚戒指（佩戴者能够隐形），而"无所顾忌地去市场上带回他们想要的任何东西"？学者们对此问题的反思促进了这种理论观点的发展。

至近的人也在所难免。①

我意识到我所描绘的关于希腊道德文化的景象与当时社会荣辱观的意义是一种历史理想,必须从当下社会、青年文化以及教育的优先政策等现实状况来加以审视。事实上,关于学生是否能在当代文化下"监管"自己,确实存在问题(并且有令人信服的数据),目前大部分的学生准则似乎都变成了"你不应该评判别人",一些数据也表明学生通过作弊来取悦家长并维持(不惜一切代价)一个成功的形象,还有大量证据显示,教师对此只是视而不见。所有这些因素都对决意在学校执行并维护荣誉体系的管理者、教师以及学生提出了挑战。②

需要强调的是,即使教育者认识到永远不可能存在一个荣誉系统能始终完美无瑕(或者永远正确),在中学和大学中构建荣誉准则体系也绝不应该是一种灌输形式。荣誉体系能驱使、促进并激励学生反思:生活在这样一个社区中,支持并维护关于荣誉与诚信的理想体系到底意味着什么。这样,实施并强化荣誉准则体系的中学成为了一个道德学习的实验室。社会主流看法认为,我们都是无拘无束的"道德虚无"人,而学生对学校荣誉准则的忠诚则成为了反击这种观点的最为有力的声音。当学生开始关心并支持荣誉准则体系时,他们就不再会为所欲为,也不会因为单纯的冲动或固有的倾向而受到消极影响。构成荣誉理想的基本价值观并不只是限制学生的自由,也为他们的道德行为作出指引。因此,建立并维护荣誉准则体系是传递价值观体系和理想的有效方式,远远超越了被归纳为"人不犯我,我不犯人"("You stay out of my business and I will stay out of yours")的这种"简单、粗暴"的道德行为观念。

---

① 参见 Thomas Lickona, *Educating for Character*: *How Our Schools Can Teach Respect and Responsibility*, New York: Bantam Books, 1991, p. 77。

② 参见 Kevin Bushweller, "Generation of Cheaters," *The American School Board Journal*, 1999, pp. 24-32。

结　论

这一章主要有三个目标：其一，尝试发现家长、教师和学校是如何利用箴言向年轻人传递核心价值观，以及荣誉准则活动是如何向中学生传递荣誉价值观的。其二，力图探索这些传统的品格教育方法是否构成了道德灌输的形式。其三，旨在阐明利用箴言和荣誉准则体系是否会抑制或妨碍青少年道德自治能力的发展。

具体来看，一些学者认为"灌输"在学校和课堂中是在如下情形中发生的：(1) 教师或学校试图使学生相信一些缺乏考据的内容；(2) 教学方式是强制性的或明显不适当的；(3) 教学内容包括被严格禁止的宗教教义与意识形态内容；(4) 教育结果会导致封闭、偏狭的思想心理。①

我认为，在学校中运用箴言和荣誉准则的教育方法完全不是灌输。我力劝所有的进步主义教育者在描述品格教育的目标时停止使用"灌输"这个词，这个词是对成千上万人的一种冒犯——男人与女人，自由派与保守派，不同民族、具有不同信仰的人——他们发自肺腑地关心美国社会，尤其是年轻人，却体会着强烈的"道德眩晕"。然而，这些教育者应该自由使用"传递"这个词语。品格教育极力希望向学生传递核心价值观。我们也在尽最大努力在将"本质伦理禀赋"(substantial ethical endowment) 传递给我们的学生。即便是约翰·杜威也强调这是每一代人的神圣职责。他写道：

> 在文明中，我们最珍视的东西不是我们自己的，而是因与我们形成一种联结关系的持续性人类共同体所做的行为并遭遇的经历而存在的。**我们的责任是保存、传播、矫正并扩充我们已经获得的价值遗产**，这样，我们的后继者才能比我们更扎实、可靠、广泛地接

---

① I. A. Snook, *Indoctrination and Education*, London: Routledge and Kegan Paul, 1972.

受并慷慨地分享它（强调为笔者所加）。①

　　然而，我们必须认识到，进步主义教育者与品格教育者在对"道德自治"问题的理解上，确实存在差异。在品格教育者中，有一种流行观点是以隐喻的方式呈现的。这种观点认为，进步主义教育者希望鼓励每一个年轻人攀登自己的"西奈山"②，带着他们自己认为是善良的、道德的"药剂"凯旋而归。此外，持有这些个性化的"药剂"的主人可以在任何时间、以任何理由对其进行改良与优化。

　　另外，进步主义教育者则认为品格教育者力图施加一种以"十诫"③作为起点和终点的道德教育。而这就是当下教育中最根本的"断层线"——如同《圣经》中"大卫"（David，彻底解放自己）与"歌利亚"（Goliath，代表传统智慧）之间的战争。④

　　我们应该如何消除这之间的隔阂？一种谦逊的精神也许是有益的，应当发起一次深度探索杜威所呼吁的**"保存、传播、矫正并扩充我们已经获得的价值遗产"**的对话。我们中的大多数人应该会赞同品格教育似乎是在强调一种理论与实践上的保护和传递策略，而进步主义教育者主要致力于纠正并扩充我们所共享的价值观体系。倾听品格教育者阐述自己对于杜威"扩充并修正价值遗产"的理解，学习进步主义教育者保护并传递价值

---

① John Dewey, *A Common Faith*, New Haven, Conn.：Yale University Press, 1934, p.87.

② 西奈山（Mt. Sinai），又叫摩西山（Mount Moses），位于西奈半岛中部，是基督教的圣山，基督教信徒的"神峰"。按照希伯来《圣经·旧约》的说法，上帝选择以"在西奈山立约"的方式来处理神人关系。人应该拥有自由，但又必须对自由进行约束。在《出埃及记》中，西奈山包含两层含义："自由的寻求"和"自由的约束"。——译者注

③ 十诫（Ten Commandments），根据《圣经》记载，"十诫"是上帝耶和华借由以色列的先知和首领摩西向以色列民族颁布的律法中首要的十条规定。——译者注

④ 据《圣经》记载，歌利亚是非利士将军，带兵进攻以色列军队，他拥有无穷的力量，是传说中的著名巨人之一。年轻的大卫无所畏惧，要击败歌利亚。他拒绝了扫罗提供的战衣，用石子击中歌利亚的额头，并用刀割下了他的头颅，将他杀死。——译者注

观的做法是否是有意义的？对于儿童发展理论的探讨如何能促使我们达成对这些本质问题的共识？提出进步主义教育者对于品格教育者所强调的精炼价值观体系（如顺从、准时、规则、沉默以及勤勉）① 的认识，是否具有帮助意义？这些都是非常关键的问题。

20 最重要的是，我们需要仔细留意那些用来描述道德发展的词语。例如，用"整合"（integration）这个词来替代"自治"（autonomy）或"内化"（internalization）也许能帮助我们更好地理解道德发展，这个词将激励系统、情感系统以及被传递的道德价值观和理想体系融汇在一起。"整合"同样表明了道德发展的过程是脆弱的、持续的以及需要不断被关注的，而不是突然的、戏剧性的（如同保罗在前往大马士革路上的皈依经验）。此外，这个概念也表明了对一个事实的敏感认知，即任何人都不可能成为拥有"完全自主权"和"彻底自治权"的道德人。正如格斯·布拉西（Gus Blasi）写道，"个体对于道德理解和动机的**整合**不可能完全达到道德规范与德性要求的整体水平，因而需要根据不同的问题分开处理"（强调为笔者所加）②。换句话说，我最好的朋友总能听见他父亲的声音，告诉他"值得做的工作也一定值得做好"（"A job worth doing is a job worth doing well"）。但是，为什么这个声音不如自己的声音那么真实？

在品格教育领域还有很多工作需要做。我同意进步主义教育者的观点，即被卡罗尔·吉利根（Carol Gilligan）称为"感受性知识"（felt knowledge）的道德力量与道德感受，这些知识在品格教育文献和项目中

---

① 我们必须认识到，在超过一个世纪的时间里，美国公立学校受到一种关于学校教育的主流观点的影响，不再强调感觉与欲望的道德功能。而美国第一位教育委员威廉·T. 哈里斯（William T. Harris）力主这一观点。1888 年，在国家教育委员会道德教育促进会的一份极具影响力的报告中，威廉·哈里斯提出以上美德，并将其作为学生道德教育的必要内容。参见 John Elias, *Moral Education: Secular and Religious*, Malabar, Fla.: Robert E. Krieger Publishing Company, 1989, p. 24。

② Augusto Blasi, "Moral Understanding and Moral Personality: The Process of Moral Integration," In W. M. Kurtines and J. L. Lewirtz, eds., *Moral Development: An Introduction*, Boston: Allyn & Bacon, 1996, p. 238。

总是处于缺失状态①。年轻人有强烈的意愿去了解世界，而不是与世界单纯地相处。我们的情感是道德生活中的一个关键要素，如果缺乏情感，我们的道德生活将变得平淡而空乏。我们没有人能成为单纯以责任为生的康德学派之人。正如我所言，无论是使用箴言还是坚持荣誉准则，我们的道德行为总是来自于我们对一系列道德理想的依恋、承诺和渴望。品格教育者需要找到一种更为坚定的方式，将情感因素整合到教育项目和活动中，并使之成为一种构成品格教育助燃力量的根本要素。　　21

　　以下是可能促使两种教育视角相互融合，也是我个人最青睐的格言。哲学家查尔斯·泰勒（Charles Taylor）曾经说过的，"坚定的信念需要丰富有力的源泉"（"strong convictions require strong sources"）②。换言之，信念是在个体经历考验中锻造而成的，是从家庭成员、宗教传统、学校传统传递给我们的生活智慧以及对我们至关重要的教师或导师传递给我们的人生经验中汲取的。不幸的是，后来，即便是在品格教育中，这些智慧源泉也总是被忽略或轻视。因此，对新一代品格教育者来说，真正的挑战是如何开发一种新的教学方法，鼓励青少年将这些智慧源泉与个体道德体验整合起来。

---

① Carol Gilligan, "Adolescent Development Reconsidered," In *Approaches to Moral Education*, *Andrew Garrod*, ed., New York: Teachers College Press, 1993, p. 104.

② Charles Taylor, *Sources of the Self: The Making of Modern Identity*, Cambridge, Mass: Harvard University Press, 1989.

第二章 道德教育如何回归美国校园

克里斯蒂娜·霍夫·萨默（Christina Hoff Sommers）

　　浪漫主义作为一种反抗与颠覆，具有永恒的价值。而当浪漫主义进入一种权威的位置，要求儿童奔跑在一条寻求真理的路上，并以一种创造性的方式、凭借自己的力量去自然而然地发现真谛时，另一种麻烦随之而来。因为这些真理是文明人用了几个世纪才领悟到的。①

　　　　　　　　　　　　——理查德·彼特教授（Richard Peters）

　　　　　　牛津大学，教育哲学家（Philosopher of Education, Oxford）

　　汉娜·阿伦特（Hannah Arendt）在评价每年有成千上万的"小小野蛮人"侵入文明世界时，说道：这些人被称为"儿童"。全世界所有的文化都试图通过教育与灌输是非观念来教化这些"入侵者"。然而，美国文化可能是率先对这种行为的正当性提出疑问的。当民主社会使儿童失去了
文明人用了几个世纪来理解的道德知识时，会发生什么？当教育者正庆祝儿童的创造性和善良本性，而摒弃了规诫、培养以及教化他们的传统责任时，又会发生什么？不幸的是，我们已经知晓答案：我们教育的结果正从30年来自由放任的"放松道德管制"的尝试中浮现出来。

---

① R. S. Peters, "Concrete Principles and Rational Passions," In *Moral Education*: *Five Lectures*, Nancy F. and Theodore R. Sizer, eds., Cambridge, Mass.: Harvard University Press, 1970, p. 29.

在 1996 年秋天，我参加了一个被宣称为"苏格拉底对话"（Socratic Dialogue）的电视伦理节目。在一个小时中，我加入了由另一个伦理学教授、历史老师和 7 名中学生组成的关于道德两难困境问题的讨论中。这个在大众电视中播出的节目——"道德选择：个体的声音"（Ethical Choices：Individual Voices），现已成为各中学通用的"关于是非对错"的课堂讨论[①]。然而，该节目所传递的信息始终影响着我。

在一次典型的交流中，主持人金姆·泰勒·汤普森（Kim Taylor-Thompson），斯坦福大学法学教授，向学生提出了这样一个两难问题：你们的老师意外地给你们布置了一篇论文（5 页纸篇幅），而你们只剩下几天时间，并且你们已经不堪重负。如果你们抄袭了别人的论文为作业，是错误的吗？其中，两名学生认为这是一个不可思议的问题，并谈到了责任、诚信与原则。伊丽莎白说："我不会这样做的，这是一个关于诚信的问题。"艾琳说："这是不诚实的。"而另外两个学生却认为，欺骗是没有错的。十一年级的约瑟夫平淡地说，"如果你有这个机会，你应该利用它"。艾琳赞同地指出，"我会利用这个论文，并把它分享给其他朋友"。

我给大一新生教授道德哲学这门课已经十五载有余，所以当我看见学生在美国公共广播公司（PBS）节目中为考试作弊而辩护时，并不感到惊讶。每个班级中，都会有一些人通过公开表达对错误观点的赞赏来唱反调。那天晚上，在 PBS 节目的"苏格拉底对话"中，我本期待着，至少有一位其他哲学老师会成为我的专业盟友，和我一起坚定地为诚信辩护。然而，这位教授却"背弃"了我。他告诉学生，在这种情况下，给学生如此繁重作业的老师是不道德的，并且他对没有人从这个角度来看问题感到失望。"令我惴惴不安的是"，他说，"你们所有人似乎都接受了这样一项繁重的任务……对我而言，从学习的观点来看，在如此短时间内强制你来完成这样一篇论文是粗暴的。"

25

---

① "Ethical Choices：Individual Voices"，New York：Thirteen/WNET，1997.（Thirteen/WNET 是美国新泽西州的一个非商业性的教育公共电视台。——译者注）

在大部分交流中，这位教授关注家长、教师以及企业的伪善，但很少提及学生的道德义务。当我们探讨入店行窃的不道德问题时，他暗示商店在定价策略方面存在问题，并且指出，"企业决定了 12% 的利润率……也许还有剥削劳动力的工厂"。从表面上看，这个教授非常友善，并且是好意的。也许他的目标是授予学生质疑权威和规则的权利。然而，这些已经是当代青少年明白该如何去做的内容。我们过分地教导了学生去质疑原则，甚至是在学生只能模糊地理解这些原则之前。在此案例中，这个教授建议中学生勇于质疑对他们幸福至关重要的道德教育内容以及行为准则。

在过去的 30 年间，这位教授的"不干涉"风格在公立学校中是非常流行的，它们以"价值澄清"、"情境伦理"以及"自尊引导"等各种名义进行着。在很多家长无法对学生进行是非对错的基本指导时，这些所谓的"价值中立"的伦理方法曾兴盛一时。为什么有如此多的学生被剥夺了接受基本道德教育的机会，并酿成了由教育者、家长联合发起，长达三四十年之久的"误入歧途的改革"？关于这一问题的评价，答案尚未全面揭晓。究其哲学本质，这是一个卢梭战胜亚里士多德的故事。

亚里士多德与卢梭的较量

在 2300 年以前，亚里士多德提出了儿童所需要的东西，即关于如何成为道德人的明确指导。几个世纪以来，亚里士多德所倡导的教育方法已经成为了道德教育的"默认范式"。他向家长和教师阐明了如何教化这群"入侵"的"儿童野蛮人"。直到最近，才有大量教育者开始批判其教育思想。亚里士多德将儿童视为任性的、未开化的、需要纪律训诫的人。早期的基督教哲学家圣·奥古斯丁（St. Augustine）进一步指出，儿童不听话的本质是亚当和夏娃反抗上帝指示所犯下的原罪的体现。所有的哲学家，均以这种方式，将邪恶和人性视为人类本性的普遍特征。亚里士多德将道德教育比喻为体育训练。正如我们通过力量和技能的训练而变得强壮和熟练，因此，他认为我们同样需要"善的训练"（practicing goodness）来成为"善良的人"（become good）。正如他所理解的道德教育（Ethical education），是进行情感控制和纪律行为的训练。他认为正确行为习惯的形成优先于我们对为什么要成为善良的人的理解和欣赏。他倡导，最早实现社会化的儿童是通过反复教授礼仪习惯及使用适当的处罚和奖励来对其进行规诫的，从而使他们能够做到举止得体。最终，他们理解了成为"道德的人"的理由和优势。

亚里士多德并未将情感的自由表达放在首位，他（和柏拉图）认为道德发展是通过教育儿童调控自己的情感实现的。对亚里士多德而言，自我意识即意识到并且避免排斥理性而受情感主导的行为。"我们必须注意到自己易于陷入的错误陷阱（因为我们都有不同的倾向）……于是，我们必须将自己拉入相反的方向。"[1] 具有良好道德习惯的儿童，获得了控制自己本性中"放纵"那一面的能力，并成长为自由、全面发展的人。

> 我们美德的产生，既不是由于自然，也不是违反自然的。我们是由于自然而适于接纳美德，又由于习惯而达于完善。我们在幼年时形成的任何习惯都是重要的——具有至关重要的改变作用，更确切地说，整个世界因此而不同。[2]

在大部分西方历史时期中，亚里士多德关于道德儿童培养的基本理论是没有争议的；即便是在今天，他的教育观也代表着一种常识。但在18世纪，亚里士多德的教育智慧受到了启蒙运动哲学家卢梭的理论的直接挑战。卢梭反对儿童天生是任性的（是有原罪的）；相反，他坚持认为儿童本性是高尚、善良的，只是因为受到外部社会化的干扰而被污染腐化。未受过教育的儿童具有自发的善良和优雅。"当我想象自己是一个10

---

[1] Aristotle, *Ethics*, trans. J. A. K. Thomson, London: Penguin, 1976, p. 109.

[2] Aristotle, *Ethics*, trans. J. A. K. Thomson, London: Penguin, 1976, p. 92.

岁或 12 岁的男孩，拥有属于那个年纪的健康、强壮和结实，永远乐观愉快……我看见他的聪颖、热切、精力旺盛以及无忧无虑，全神贯注于现在，因蓬勃旺盛的生命力而感动欣喜。"①

根据卢梭的观点，"最初几年的教育应该是纯粹消极的，这种消极教育不在于教授美德或真理，而是保护其心灵免受玷污，防止其思想产生谬误"。② 他反对传统观点，不认同早期道德教育必须将儿童的道德行为习惯化：

> 儿童应允许获得的唯一习惯即不要受到任何规则的约束……为支配自由、行使权力提早做好准备，允许其自身与生俱来的习惯，并使其习惯于成为自己的主人，一旦具有自己意愿后，便能遵照自己的意愿行事。③

28　　与普遍看法相反，卢梭认为儿童的本性是善良的、无罪的。在他看来，适当的教育能为儿童内在固有的善良本性的发展提供土壤，使其自然纯洁的本性得到充分发挥。对他而言，当外部规范被施于儿童之上时，道德教育的目的就被击败。卢梭的现代性体现在他并不信任社会所设立的道德规范，坚信最好的教育是催生儿童自己最真实的（仁善的）本性。卢梭尤其排斥基督教的教义，这种教义认为人天生是反叛的，自然带有原罪的：

---

① 引自 Steven Cahn, ed., "Emile," In *The Philosophical Foundations of Education*, New York: Harper & Row, 1970, p.163。节选自 *The "Emile" of Jean-Jacques Rousseau: Selections*, William Boyd, ed., New York: Teachers College, Columbia University, 1962, pp.11-128。

② William Boyd, ed., *The "Emile" of Jean-Jacques Rousseau*, New York: Teachers College Press, 1970, p. 41.

③ Steven Cahn, *The Philosophical Foundations of Education*, New York: Harper & Row, 1970, p. 158.

让我们把它作为一种毋庸置疑的真理原则来顶级膜拜，人本性中最初的冲动往往是正确的。因为在人的心灵中没有原初的邪恶。[①]

尽管卢梭反对向自由高贵的生命灌输道德习惯，但他认为儿童的发展需要引导并鼓励其善良的本性。他鼓励家长和教师努力将儿童"美好的感受转化为行动"。[②]

基督教和古典异教徒思想家认为这些是远远不够的。他们坚持认为如果没有直接的道德训练，使儿童的道德行为习惯化，将无法获得美德。圣·奥古斯丁与传统的基督教思想家对将亲切感受转化为行动的有效性持悲观态度。在奥古斯丁看来，即便是最严明的道德纪律训诫也不能确保培养出一个有德性的儿童：没有神的庇佑（恩惠）教育是不够的。相反，卢梭的追随者不仅反对奥古斯丁认为人的本性是原罪的、反叛的信条——他们进一步指出，直接的道德教育是对儿童自由发展权利的侵犯。

卢梭的思想中有很多精华值得欣赏和学习。在那样一个将刻板严酷作为普遍规范的时期，他却支持人性化的儿童教养。尽管在那个时代，他对教育实践的批判是有效的，但他个人的建议却绝不是切实可行的。也许，值得注意的是，卢梭并未将自己的精辟理论应用于自己的生活中，且总体来看，他对待自己的孩子也是不负责任的[③]。他的理论也因为前后矛盾、互不一致而备受争议。一方面，他坚决反对向儿童灌输习惯；另一方面，他又接纳了亚里士多德诸多关于让儿童习惯于古典美德的忠告："让你的孩子保持所有善行"。

29

---

① Steven Cahn, *The Philosophical Foundations of Education*, New York: Harper & Row, 1970, p.162.

② Steven Cahn, *The Philosophical Foundations of Education*, New York: Harper & Row, 1970, p.174.

③ 据说，卢梭与一名未受过教育的女仆黛莱丝·瓦瑟共育有五名非婚生子女，这五个孩子均被送至一个弃儿育婴堂，等同于一种死亡的宣判。参见 Ronald Grimsley, "Jean-Jacques Rousseau," In *Encyclopedia of Philosophy*, vol. 7, New York: Macmillan, 1967, p.218。

尽管卢梭礼赞自由，但他也会因为看到今天种种的放任自流而感到震惊。"一种一定能使你的孩子不开心的方法是"，他写道，"使他习惯于得到他想得到的任何东西。"[1] 同样，卢梭在关于人的本性这个关键问题上与传统主义者产生了分歧。或好或坏，卢梭的追随者忽略了他的"亚里士多德方面"，对其教育哲学中的进步主义元素进行了继承发展。

尽管我们希望相信卢梭，但他对于儿童的乐观描述却不具有说服力。在《爱弥儿》中，卢梭指明，尽管儿童可能会作出不好的行为，但他永远不能被称为"坏孩子"，"因为错误行为取决于有害的意图，这一点儿童永远不会有"。[2] 而这公然违反了普遍经验。大多数家长和教师会告诉你，儿童经常会产生具有伤害性的意图。在也许是关于儿童"伤害倾向"的最著名的描述中，圣·奥古斯丁在《忏悔录》中描述了自己孩童时代的"作恶"乐趣——一种单纯的无视禁令的快乐。一些家长和教师也许确实发现奥古斯丁对儿童任性本质的描述并不夸张，并且在戈尔丁的《蝇王》(*Lord of the Flies*) 中发现了比奥古斯丁童年"任性的朋友"更能说明儿童本性的描述。

卢梭有力地主导了在现代学校教育领域具有普遍影响力的理论家的思想。在教学法上，卢梭的思想激发了教育领域的进步主义运动，该运动从机械教学转向寻找释放学生创造性的教育方法。卢梭的思想也经常用来质疑传统道德——亚里士多德的伦理理论、犹太基督教信仰以及与实践相关的传统直接道德教育方法。

---

[1] Steven Cahn, *The Philosophical Foundations of Education*, New York: Harper & Row, 1970, p. 160.

[2] Steven Cahn, *The Philosophical Foundations of Education*, New York: Harper & Row, 1970, p. 163.

价值中立儿童

被视为"灌输"的直接教育指导方式，从 20 世纪后半叶开始被摒弃，并随着进步主义的教育方法逐渐占据主导地位而中止。至 20 世纪 70 年代，品格教育已经名誉扫地，并在实践上几乎消失。

1970 年，西奥多·赛泽（Theodore Sizer），后来的哈佛大学教育学院院长及其夫人南希（Nancy）合编了一本名为《道德教育》（*Moral Education*）的道德伦理讲稿合辑①。在前言中，他们通过斥责基督教绅士、美国草原学派、《麦加菲读本》（*McGuffey Readers*）以及那些伪善教师的道德观（这些教师竟然默许一种被视为"青年之恐慌"②的学校评级系统的存在），奠定了该书的基调。赛泽夫妇尤其对 19 世纪"天然粗野的、且从哲学上看似乎有些简单愚蠢的说教传统"进行了严厉批判。他们指出，直接道德教育在所有的伪装下，其实是一种旧道德观。并且主要道德家和伦理学者也赞同，这种道德观"可以并且应该被摧毁"。赛泽夫妇支持一种新道德，将学生的自治权和独立性置于首位。教师永远不应该进行说教或试图反复灌输美德；确切地说，应该通过他们的行为来证明自己对社会正义的勇敢承诺。在某种程度上，这意味着将课堂民主化，"教师和学生相互进行道德学习"③。

赛泽夫妇极力宣扬一种当时已经在全美很多学校广泛践行的理念。学校摒弃了旧道德观，并支持另一种观念，将学生自治权视为首要的。在

① Nancy F. and Theodore R. Sizer, eds., *Moral Education：Five Lectures*, Cambridge, MA：Harvard University Press, 1970.

② Nancy F. and Theodore R. Sizer, eds., *Moral Education：Five Lectures*, Cambridge, MA：Harvard University Press, 1970, pp. 3-5.

③ Nancy F. and Theodore R. Sizer, eds., *Moral Education：Five Lectures*, Cambridge, MA：Harvard University Press, 1970, p. 4.

20 世纪 70 年代，价值澄清法十分盛行，其倡导者认为，任何教师，即便是以间接方式来鼓励学生接受师长或社群所持有的价值观也是不当的。因此，头等大罪即是将价值观强加给学生。相反，教师的任务应该是帮助学生发现自己的价值观。这项运动的两名创始人，西德尼·西蒙（Sidney Simon）与霍华德·科什鲍姆（Howard Kirschenbaum），也在《价值澄清文选》（*Readings in Values Clarification*）中阐明了传统道德伦理教育的问题：

> 我们将这种方式称为"说教"，尽管这也被认为是教化、强加、灌输，甚至是更极端的形式——"洗脑"。①

哈佛大学道德心理学家劳伦斯·科尔伯格（Lawrence Kohlberg），提出了在美国第二受欢迎的一种道德教育方式——道德认知发展模式。科尔伯格支持赛泽夫妇二人，也不赞同传统道德观，对早期教育者试图通过"传统美德袋"进行教化的方式嗤之以鼻②。支持科尔伯格主义的教师往往比价值澄清的支持者更加传统。他们力图促进学生获得康德式的使命与责任意识。科尔伯格在反对道德相对主义的问题上是传统的，这和许多进步主义教育者不谋而合；尽管如此，科尔伯格和其他进步人士一样，不屑于任何自上而下形式的道德原则灌输。他们过分相信以学生为中心的教学，认为在学生的发展过程中，与其说教师承担着促进者的角色不如说是指导者的角色。

科尔伯格后期改变了想法，承认自己对于灌输式道德教育的排斥是一个错误。③ 然而，这个值得钦佩的改变作用却微乎其微。以学生为中心

---

① Sidney Simon and Howard Kirschenbaum, *Readings in Values Clarification*, Minneapolis, Minn.：Winston Press, 1973, p. 18.

② 参见 Lawrence Kohlberg, "The Cognitive-Developmental Approach," *Phi Delta Kappan*, 1975, pp. 650-675。

③ 参见 Lawrence Kohlberg, "Moral Education Reappraised," *The Humanist*, 1978, pp. 14-15. 科尔伯格宣布放弃其早期立场，并称："多年来，我积极参与道德教育实践，却发现我的一个观点……是错误的……教育者必须是一个社会化教育者"，传授价值内容

的学习，作为进步主义教学法的又一流行趋势，很快将科尔伯格主义者及价值澄清论者远远甩在身后。直至 20 世纪 80 年代末，学生自尊教育又成为风行一时的新趋势。道德伦理被关注学生个体的幸福感所取代：学校的首要目标是使学生学会珍视个体权利和自我价值。很久以前，教师通常给七年级学生布置的作文题目是"我最崇拜的人"。但在今天以学生为中心的课程体系中，教师让学生写文章来赞美自己。在一个受欢迎的中学英语课本中，有一项作业是"自己的诺贝尔奖"，以此来告诉学生他们是"最棒的"、"令人惊叹的"，并且引导他们：

> 起草与你的诺贝尔奖相关的两份文件。假设第一份是由非常了解你的人写的一封提名信。第二份是你将在瑞士的斯德哥尔摩参加年度颁奖典礼时所做的获奖感言。①

并且，学生可以通过奖励自己一份"独一无二专属于自己的"奖品来获得额外加分。

纵观人类历史，儿童大多通过倾听或阅读具有启发意义的伟大人物的故事来学习美德和荣誉法则。直至 20 世纪 90 年代，这项被大多数教育者视为过于直接的教育方式已经被另一种教育实践所代替，这种取而代之的方式表明学生才是自己生活最好的向导。因此，进步主义教育方式成功战胜传统直接教育方式的最显著的结果是，实现了这种将"自治主体"作为最终道德权威的转变。

很难理解为什么哈佛大学的理论家，力劝教师抛弃这种"19 世纪天然淳朴的，但在哲学上看来是似乎有些简单的说教传统的教育方式"，却为另一种取而代之的"肤浅利己主义"（crude egoism）而辩护。除了哲学

33

与行为规范且不仅仅是……也是学生发展过程中的一名引导者……目前我不再对灌输式道德教育持消极态度，我认为指导道德教育的理念必须带有部分"灌输"性质，这在当下存在儿童偷窃、作弊、侵犯行为的世界中是真实且无可避免的。

① *Write Source 2000 Sourcebook*, Wilmington, Mass. Houghton Mifflin, 1995, p. 217.

上的细枝末节以外，这种替代产生了诸多具体的行为后果。在那个年代，新英格兰地区教育者要求学校放松道德管制，而这种方式却导致公立学校中学生失范行为的大幅增加。毋庸置疑，导致这种趋势的最重要原因，可能应归咎为社会改变对于家庭和社群的弱化，但那些教授也应对此承担一定的责任，他们的倡导原本出于善意，却逐渐破坏了学校对学生进行传统道德熏陶的教育使命。

19 世纪哲学家约翰·斯图尔特·密尔（John Stuart Mill）对于个体自治的澎湃激情和良好判断力是其他任何同时期的思想家都难以企及的。他明确指向成年人，"这并未涉及儿童"，密尔在《论自由》（*On Liberty*）中指出，"无人能否定人在年轻时需要接受教育和培训，从而知晓人类经验的确凿结果，并从中受益"。① 密尔无法预见到会有赛泽这样的思想家和价值澄清学者的出现，能言善道地倡导废弃传统的道德观念。

改革者究竟错在哪儿

追随卢梭的进步主义教育者用心守护着儿童的自治权（autonomy）。他们不满于陈旧的说教、传道劝诫方式以及惩罚带来的危害，认为这些方法是强制压迫性的，而儿童应该通过自己的理性能力来发现它们，并付诸道德实践。这种放任自流的政策其实是让儿童自生自灭。道德教育的真正目的不是要保护儿童的自治权，而是帮助他们建构作为一个成年人所赖以生存的品格。正如亚里士多德令人信服地指出，帮助儿童获得良好的道德习惯能使其更容易成为具有自治能力的成人。反之，让儿童不受约束地自行其是，会使他们一败涂地。

反对直接道德教育的人把它称为一种洗脑或灌输的方式，完全是一种混淆。当你对人们洗脑，其实是在破坏他们的自治能力以及理性的自控

---

① John Stuart Mill, *On Liberty*, Chicago: Regnery Press, 1955, p. 14.

管理，并且是在限制他们的自由。而当你教育儿童成为有能力、有自控性及道德责任感的人，你是在帮助他们增加自由空间、发散人性光辉。古代希腊和罗马人深谙此道，伟大的经院哲学家和启蒙思想家也是如此。事实上，所有伟大的宗教和文明的第一要义都是使人明白什么是正义，以及如何践行正义，这正是对个体自由与自治权的最高表达。一些学者倡导关注并培养学生的责任感与礼仪修养，而非警示儿童依法享有公民与个体权利，这一建议听上去似乎是堂吉诃德式荒谬怪诞的，甚至是反动的，但这恰恰是实用且可以实现的。尽管与表象正好相反，大多数儿童能遵从礼仪、举止得体。如果他们的礼貌风度有不得体之处，那是因为人们对他们的期待甚少。

常识、习惯、传统以及现代社会科学① 研究都共同支持亚里士多德的直接品格教育传统。儿童需要规范标准，需要明确的指导，更需要在生活中有能理解他们但也能牢牢坚守自身责任的人，然而，在三十余年间，这种对遵守规范的坚持在教育界已经过时了。但亚里士多德式教育仍然是教育儿童最好的方法。不幸的是，我们的时代已经以卢梭思想的主导为特征，并对美德伦理的直接教诲持坚决反对的态度。

两个具有社会化障碍的男孩

1999 年 4 月，冷酷残忍的"科隆比纳中学惨案"震惊全国，并使人们感到困惑不解。在不到两年的时间内，这已经是第七次枪击事件。而这一惨剧是前所未有的，公众强烈要求知晓真相。怎么会发生此事呢？一般的解释毫无意义。因为贫穷？埃里克·哈里斯（Eric Harris）和狄伦·科利鲍（Dylan Klebold）并不贫穷。因为容易获得武器？确实如此，但年轻

---

① 参见 Laurence Steinberg，*Beyond the Classroom: Why School Reform Has Failed and What Parents Need to Do*，New York: Simon & Schuster，1996。

男子，尤其在西方社会，总有机会接触到枪支。因为父母离异？这两个男孩的家庭都是完好无缺的。难道这是一个男孩子情感受到压抑的国度？这些男孩与20世纪五六十年代末发生枪杀同学事件的儿童几乎一样。那么为什么出现这些残忍行为的是美国男孩？

请问，这些事件为什么发生于现在？为什么发生在这里？让我们追踪一下不久前出现的"美国式儿童社会化"中到底缺失了什么？为了寻找答案，我们需要注意进步主义教育理论家的观点，他们倡导美国教育机构摒弃给儿童灌输"旧道德观"的传统使命，取而代之的是卢梭的浪漫主义道德教育方法。信奉这一观点的教师和家长严重低估了未曾接受过直接道德教育儿童的潜在野蛮性。一门单独的伦理道德课程是远远不够的，并不能阻止像哈里斯和科利鲍这样的男孩杀害同学。另外，包含道德内容的K-12课程似乎形成了一种氛围，使人们认为在学校发生"屠杀"是不可想象的。而这样一些极其堕落、邪恶的行为，在过去那些淳朴简单的日子里——学校没有废弃道德教育使命时，是完全不可思议的。更受欢迎的学生常受到品行不端者的骚扰，由此引发嘲笑与苛待，往往是进一步诱发令人憎恶的可怕行为的一个重要因素，而坚持品格教育也许能改变这种境遇。

教师也应采取完全不同的行动。试想如果立托顿镇学校的K-12教师能将教化自己所负责的学生视为日常职责，就绝不会忽视哈里斯和科利鲍两人扰乱社会的怪异行为。当学生穿着印有"连环杀手"字样的T恤衫来学校时，教师本应该把他们送回家。同时，教师也不应该允许男孩子佩戴纳粹徽章的饰品或制作荒诞的暴力视频。通过容忍这些自我表达方式，科隆比纳中学的成年人向学生含蓄地传递了一种信号，连续或大量杀害无辜的人并不是什么大错。

科隆比纳中学的一名英语老师告诉《教育周刊》（*Education Week*），这两个男孩都曾写过关于死亡和杀戮的短小故事，"那些故事是恐怖的，形象生动且十分暴力"，并且这位老师已经向学校工作人员反映过相关情况。在该老师看来，学校并没有采取行动是因为学生所写的内容并没有违反学校政策。这位沮丧的老师以一种痛苦的讽刺语气解释说:"在一个自由社会中,在他们没有犯下滔天大罪之前,你无法采取任何行动,因为他们享有受法律保障的言论自由。"① 在很多中学,学生十分肯定他们自由表达的权利受到保护。学校的咨询顾问和管理人员极少会采取行动,因为他们惧怕维权诉讼意识强的家长会向美国公民自由协会(American Civil Liberties Union,简称 ACLU)以及其他热衷于保护学生权益的组织投诉。

在美国教育中,出于对卢梭式儿童浪漫主义理想化思想的认可和热衷,我们的公立学校不可避免地丧失了对"年轻未开化者"的教化职能。 37 很多学校不再认为自己在道德熏陶上负有首要责任。这种方式并不干涉儿童的自我表达和自治权利。让儿童去发现自己的价值观就像将他们放入一个充满挥发性物质的化学实验室中,并说道:"孩子们,去合成你们自己的'化合物'吧。"那么,当他们引爆自己并毁坏周围的事物时,我们不应该感到惊讶。

改革之风

在大量校园枪击事件引起公众对于全美学校道德氛围的关注之前,呼吁改革的声音就已经不断传出。在 20 世纪 90 年代早期,大多数一直保持沉默的家长、教师和社区领导者开始倡导并支持传统的道德教育。1992 年 7 月,一个名叫"品格关注联盟"(Character Counts Coalition,由约瑟夫森伦理研究所发起,该组织包括教师、青年学生领袖、政治家和伦理学家)的组织在科罗拉多州阿斯彭地区(Aspen,Colorado),召开了为期三天半的品格教育会议。在会议结束时,该组织提出了《品格教育阿斯彭宣言》(Aspen Declaration on Character Education)②,包含如下原则:

---

① *Education Week*,1999,April 28,p. 16;也参见 *Education Week*,1999,May 26,p.14。
② 《品格教育阿斯彭宣言》,该文本由加州约瑟夫森研究所玛丽娜·戴尔·蕾女士以及波士顿大学伦理与品格发展中心主任凯文·赖安提供。

● 我们社会现在和未来的幸福安定需要具有参与意愿、关怀精神以及良好道德品格的公民。

● 有效的品格教育应以构成民主社会基本原则的核心伦理价值观为基础——特别是尊重、责任、信赖、关心、正义、公平、公民美德与公民意识。

● 对品格教育而言，最重要的是，它首先是一项家庭义务。同时，也是有坚定信念的社群、学校、青年以及其他人类服务组织的重要使命。

品格关注联盟已经受到了广泛关注以及不同政治党派人士的认可和支持。该组织的顾问委员会包括玛丽安·赖特·埃德尔曼（Marian Wright Edelman）等自由派人士以及威廉·班尼特（William Bennett）等保守派人士。十名来自两党的联邦参议员以及数名地方官员、市长以及各州代表共同加入其中。可以说，新品格运动获得了强劲动力。

目前，全美众多学校正在寻找道德教育的新路径，即直接道德教育法的当代模式。教师、学校管理者及家长再次投身其中，让学生清楚地明白必须品行端正、恭谦知礼、友善亲切，并敦促他们努力奋斗，追求卓越。各州教育局以及包括圣路易、芝加哥、哈特福特、圣安东尼奥等诸多大城市的教育董事会都制定了开设伦理道德课程的相关规定，并且有些文件直接规定了一些学校的整套课程体系。

例如，在弗吉尼亚州罗诺克镇的法伦帕克小学，自 1998 年校长实施"品格关注项目"（Character Counts Program）以来，学生发生了巨大的变化。① 每天早晨，学生需要背诵"效忠誓词"（Pledge of Allegiance）②。在宣誓完成后，教师与学生共同写道："每一天，在我们的言行中，我们要保护并体现尊重、关怀、公平、信任、责任以及公民性。这些品质将帮助

---

① See *Washington Post*, 1999, February 4, p.1.
② 美国所有公立学校（也包括部分私立学校）在新学期开学第一天，都有一项必行的仪式——背诵"效忠誓词"（Pledge of Allegiance）。效忠誓词全文仅有 31 个英文单词，中文释义为："我宣誓效忠美利坚合众国国旗，以及它所代表的共和国：在上帝庇佑下的统一国家，不可分割，人人享有自由和正义"。——译者注

我们兼顾学习和娱乐，成为真正成功的学生。"据校长所言，目前停课处罚降低了60%，出勤率和成绩均有所提高，说来也奇怪，发生在公共汽车上的不端行为几乎都消失了。学校一位已在职29年的体育教师说，自己发现了一种改变，学生的体育精神有所加强，即便是捣乱闹事者也变得越来越好了。最近，她竟发现一个男孩在鼓励一个害羞的女孩加入游戏。"我差点潸然泪下……这是我们学校建校以来最好的一年。"

贝拉·怀特（Vera White），华盛顿特区杰弗逊初中校长，几年前，当她得知本校学生是参与用石头和瓶子袭击警察和消防员的愤怒暴民中的一部分时，感到极为震惊。"那些是我们学校的学生。如果他们没能足够尊重市长、消防局长以及其他所有人，我们的教育到底有何用？"她决定将品格教育作为学校的中心任务。现在，学生需要参加关注尊重与责任等积极品质的会议。怀特女士从1992年开始发起该项目，自那时起，偷窃与打架斗殴变得极为少见。与该地区的其他学校不同，杰弗逊初中并未在窗外安装防护栅栏和金属探测器。①

威廉·F.华盛顿·贾维斯（William F. Washington Jarvis），波士顿罗克斯伯里拉丁学校校长及圣公会牧师，一直在强调品格和纪律，现在有更多人加入了他的行列。贾维斯对人性持有非卢梭式的严厉观点：未经训练的我们是"粗野自私并且有残忍倾向的。我们需要竭尽全力成为有尊严且负责任的人。我们也必须这样要求我们的孩子和学生"。一旦他们出现不端行为，校长指出："我们需要为学生举起一面镜子，并告诉他们'这就是你们，停止这些行为吧'。"②

这些学校与像立托顿一样的学校形成了鲜明的对比。我们了解到立托顿学校的凶手们曾经参加过"愤怒管理"研讨会，每周约见过"行为矫治"工作人员，加入过"反醉驾"母亲协会，也参与过强制性社区服务。然而，他们从未见过尊敬的贾维斯牧师和怀特校长。在"立托顿事件"之

---

① *Dallas Morning News*, 1995, March 10.

② Wray Herbert and Missy Daniel, "The Moral Child," In *U.S. News & World Report*, 1996, June 3, p. 52.

40 后，很多学校的大门被锁上或者关闭，而立托顿学区的发言人却提出了一个非常正确的问题，"你们是要将学校变成一个高度武装戒备的集中营，通过这些金属探测仪让学生感到自己被囚禁吗？还是想依靠人们的基本良知及制定有效的规则政策来改变现状？"①

在制定有效规则方面，一个非常有发展前景的项目是由斯坦福大学教育学教授以及道德教育的首席专家，威廉·戴蒙（William Damon）发起的"青年宪章"项目（Youth Charter）②。戴蒙的这个项目呼吁各个社区为儿童制定出一套行为准则。"青年品格"项目帮助家长和学校构建一套规范和准则，使学生清楚地认识到社会及他人对自己的期待。

尽管直接道德教育的复归运动势头强劲，但也在一些方面受到了强大的阻力——一些人认为这是一种教育上的退化。几年前，阿默斯特（Amherst）学院的教授本杰明·狄莫特（Benjamin DeMott）在《哈珀斯》（*Harper's*）杂志发表了一篇非常犀利的文章，来讽刺品格教育的复兴运动。他指出，企业的首席执行官（CEO）一边精简裁员，一边却让自己获得高额薪水，面对这种现实，我们如何能期待在这样的社会开展道德教育呢？戴顿大学（University of Dayton）教育学院院长托马斯·拉斯利（Thomas Lasley）将品格教育称为"价值主宰"（values juggernaut），并加以抨击。一位著名的教育演说家和作家，阿尔菲·科恩指责学校利用品格教育对学生进行积极灌输和政治干预。"有人甚至期望美国学校的学生在每天开始学习之前，都要背诵报效祖国的誓言，尽管我们使用另一个名字来指代它。"③ 科恩将"效忠誓词"与希特勒帝国的"忠诚宣誓"进行类比，而这确实是在进步主义人士中仍然可以找到的一种典型心态。

41 科恩、拉斯利、狄莫特以及赛泽的教育哲学会盛行起来吗？答案是，

① *Education Week*, 1999, April 28, p. 17.

② William Damon, *The Youth Charter: How Communities Can Work Together to Raise Standards for All Our Children*, New York: Free Press, 1997.

③ Alfie Kohn, How Not to Teach Values: A Critical Look at Character Education," *Phi Delta Kappan*, 1997, p. 433.

"不，不再会了"。在我看来，家长、教师、学校管理者以及社区领导最终变得焦虑和警觉起来，并且开始坚持自己的意愿。诸如"品格关注"和"青年宪章"这类项目开始兴盛起来，并且新的项目如雨后春笋般不断出现。德克萨斯州达拉斯市"有品格的儿童"（Kids with Character）项目的执行理事南·迪任（Nan Dearen），指出这种发展势头的特征，"他们认为品格教育虽然是一项草根运动，但是它如野火一般蔓延不尽"。[①] 波士顿大学伦理与品格发展中心（Center for the Advancement of Ethics and Character at Boston University）主任凯文·赖安（Kevin Ryan），也表达了自己对于品格运动的信心和决心，"社会将无法再忍受价值中立的教育"。[②]

社会批评家通常参考"非意图后果法则"（Law of Unintended Consequences），根据该法则，表面看来，良性的社会或政治变革往往带来不幸的甚至是灾难性的负面效应。例如，少数 20 世纪二三十年代的浪漫理想主义者提出，任何将乌托邦原理应用至现实社会的想法都有可能导致社会效应的整体性衰减。在 20 世纪 70 年代，也没有人会预料到如果将卢梭的观点运用至道德教育上，会导致儿童漫无目的地随波逐流，拒绝他们人生所需要的根本性指引。庆幸的是，"偶然反转法则"（Law of Fortuitous Reversals）也在社会生活中起到一定的作用。根据这一法则，当负面的、意料之外的后果看起来似乎无法挽回时，现实情况可能突然发生戏剧性逆转。一次偶然性的逆转实例是十年以前，苏联迅速的、无法预料的解体。此外，正在如火如荼进行中的是一种意想不到的回归——亚里士多德的道德理念在美国青少年道德教育上的回归。

---

① Colleen O'Connor, "The We Decade: Rebirth of Community," In *The Dallas Morning News*, 1995, March 10, p. 1.

② Scott Baldauf, "Reading, Writing, and Right and Wrong," *The Christian Science Monitor*, 1996, August 27, p. 1.

第三章　品格教育的科学^①

马文·W. 伯科威茨（Marvin W. Berkowitz）

目前品格教育领域充斥着一种争论，关于品格教育的关注点究竟应该在品德、价值观、行为还是推理能力上的激辩。这些争议围绕着实施品格教育的各种不同方法：体验式学习、同侪讨论、灌输式教育、社区服务、参与治理、通过阅读学习品格等方式。而这些方面诸多争论的根源皆在理论与哲学的差异中。

然而，当（或者如果）一切尘埃落定时，非常清楚的是，品格教育的底线并不是哲学上的区别，抑或是教学思想、政治以及其他观念层面的分歧。准确地说，是儿童的发展。在本章中，我将努力以一种聚焦的、实践的方式来认识品格教育，并试图使其成为品格教育的一门科学。我将仔细考察我们所谓的"品格"的含义、品格发展的规律以及如何实现品格最理想的发展。

关于概念术语的探讨

在研究品格发展和品格教育中我们所已知的（及未知的）内容之前，我需要对一些术语进行探讨。关于这个领域的名称，根据历史背景、地

---

① 本文获得约翰·邓普顿基金会的资助。

理因素以及意识形态的不同，皆存在差异。在美国，时下非常流行的一个术语是"品格教育"，这也是我在本章中将使用的关键词。然而，仅在十年或二十年以前，一个更受欢迎的术语是"道德教育"。"道德"这个词目前仍是许多国家更倾向于优先使用的词语，尤其是在亚洲。日本的一个学术团队，将这个词与心理学结合，并创造了一个新词——"道德学"（moralogy）。在此之前，价值观教育在美国风行一时。事实上，价值观教育是目前英国的首选术语，尽管苏格兰课程咨询委员会更倾向使用"教育中的价值观"（values in education），英国其他地区倾向使用"价值观教育"（values education）。此外，不同的理论观点与这些不同的术语名称互相匹配。在美国，品格教育与保守、传统的行为方式的关联最为紧密。道德教育往往与更自由的、建构主义的认知方式紧密结合。而价值观教育通常与非理论的、态度层面、经验主义方式紧密联结。在这一点上，我鼓励大家对此种程度上的术语分歧提出质疑甚至表示愤怒，而我确实如此。然而，不必恐慌，我将在此尝试用"品格发展"和"品格教育"来代表所有不同的观点，现在大家可以开始忘却我刚刚提出的这种疑惑。

目前，在这个领域中，存在太多"我的理论能击败你的理论"的心态。而我更喜欢以一种更辩证的方式，通过不同方式的交汇与冲突，来获得认同、达成共识，并且找到最佳的解决办法。现在是用科学帮助儿童成为"善良的人"的时候了，而不是布下理论分歧的雷阵。

这种多样性和争鸣导致了一种"层级化"的视角，我认为是品格发展。在本章中，我选择使用"品格"这个词语（部分原因是我获得了"品格教育桑福德·N.麦克唐纳"教授的头衔）；并且，我将它作为一种综合的"桥接"术语。本章的一个重要目标是：在本领域存在争议、相互冲突的学派所挖掘的理论分歧鸿沟间，架起一座桥梁。事实上，我对术语并不感兴趣。如果称这个领域为道德教育，我也一样会欣然接受，二十多年前我也是如此。或者，创造一个无所不包的新名称，例如发展教育。事实上，只要是被清楚定义的，只要能为儿童社会道德能力的发展提供最佳帮助，我并不介意叫它"汉丽埃塔"、"部落格"或其他任何名字（如

45

"2C3a#*11.a")。正如我曾说过,这完全是关于儿童成长的,不是晦涩难懂的差异、标识或者派别,这些分歧并不能为儿童的最大利益提供助力。

品格教育:当前发展状况

正如很难定义品格的含义以及达成对品格教育的理解共识,想要总结归纳当代品格教育所包含的意蕴也是十分困难的。"品格教育"这个词已经开始囊括曾经迥然不同的领域。因此,我将提供一种关于品格教育的快速而又随性的鸟瞰图。正如本章以下内容所示,理想情况下,高品质的品格教育似乎应该是有意识的、综合的——实际上有时确实是刻意的,但很少是综合的。"品格教育伙伴组织"(Character Education Partnership)提出了高品质品格教育的标准,即"有效品格教育的十一条原则"以及对应的"品格教育质量标准"(这些均可通过以下网址获得:www.character.org)。这些标准包含一套明晰的价值理念主题、全校范围内的整体实施策略、良性关系和内在动机的促进机制,关于品格的综合定义、学校应与家长和社区建立的合作伙伴关系,以及应以经验数据为导向等。然而,几乎没有学校或地区能完全实现这些标准。

大多数品格教育中心都是围绕着一组词或者一些能代表学校道德伦理主题的理念而创办的。例如,"每月寄语"(每周或每日),来确认由学校或社区所认定作为学校中心使命的"品格表现"。这些词语有时是由学校教职工、各学区工作人员或者社区组织挑选的,有时是通过其他途径被采纳的[例如,"品格关注联盟"(Character Counts)的"六大品格支柱"]。然而,关于如何利用这些词语,各学校的方法却各不相同。尽管,少数情况下他们只是做表面文章"唱高调",通常而言他们还是会对这些词语进行重点突出(在日历议程、文具用品以及墙面等地方),将其作为课程或课外项目的焦点。

一般而言,品格教育是个独立系统。中学或高中往往会将品格教育纳入"指导教室"、咨询班会或者选修、必修课体系之中。品格教育通常是文学及社会科课程的一个部分，事实上，它可以出现在任何课程中，包括数学和体育。许多学校将品格教育的日常事项与服务机会联系在一起。尽管，服务学习是品格教育中最普遍的媒介工具，实际上任何形式的服务工作均可对品格教育发挥支持作用。

品格教育可以集中关注具体问题，例如性教育、健康教育、环境教育、多元文化教育、同侪冲突解决策略、风险防范以及宗教研究等。这些教育可能关注某些具体品格表现的培养，如道德推理能力（尤其是通过讨论道德两难问题）或者利他主义精神（通过服务）。

品格教育并不常表现为综合的学校改革。诸如"公正团体学校"（Just Community School）、"儿童发展计划"（Children Development Project）、"责任心教室"（Responsive Classroom）、"创造性解决冲突"（Resolving Conflict Creativily Program）等所有范式均在强调普遍存在的校园文化转型。在学校中可以见到所有的这些项目或其他方式，然而学校选择其中一种而非另一种的理由通常是不科学的，其中最具代表性的是基于方便性、外部宣传、有限知识、直觉判断等考虑。然而最重要的是品格教育已经代表着一种高度复杂多变、极少能达到相应标准的教育。为了建立品格教育的真正科学，我们需要返本开新，探索我们所理解的"品格"的含义、其发展规律，以及学校是如何有效地促进品格发展的。

什么是品格？

如果不能先理解品格的内涵构成，我们将无法优化品格发展。这无异于不清楚老鼠是什么，却想制作一枚更好的捕鼠器。如果对于品格这个词含义的理解能达成共识就再好不过了，不幸的是，事实却并非如此。一般来讲，我们通常用这个词表示个体善良美德的某些方面（"这确实反映出他的道德缺失"）或者个体的某种古怪个性（"她的特点就是如此！"）。

47

在这两种情况下，均暗示我们所指的是人的持久特性，尽管，事实并非总是如此（"他的道德缺失并非出于其本性"）。

当我们考察如何使用这一概念时，将会出现的情形可能更加模糊。有些学者可能并未系统区分道德品格与非道德品格；而其他学者或者将其定义局限于道德领域内[①]，或者将品格中的道德与非道德方面进行了严格系统的区分[②]。即便是对二者差别进行了区分，标准也是迥异的；例如，努奇（Nucci）认为道德领域包含了一种普遍性[③]，而里克纳（Lickona）对普遍性道德和非普遍性道德进行了区分[④]。对一些学者而言，品格是一种纯粹的人格个性；而对另一些学者而言，品格主要是行为层面的。很多人在定义品格时，忽略了其认知功能。一些定义是全面综合的，另一些则是偏狭的；一些是具体的，另一些则是无所不包的。我不会花时间罗列这些关于品格各种五花八门的定义。我想大家已经领会到了这些主要观点。相反，我将提供我个人的定义。

我将"品格"定义为影响个体道德功能发挥能力与倾向的一系列心理特征。简而言之，品格是由影响人是否会去做正确的事的个体特征组成的。这是关于品格的一个广义定义。然而，显而易见的是，我仍需要定义哪些心理特征会影响人的道德功能。

此外，我提出另一种被我称为"道德解剖体"（Moral Anatomy）[⑤] 的观点。这里，我是指形成一个完整道德人所需要的心理要素。"道德解剖体"

---

① L. Kohlberg, *The Psychology of Moral Development*, *Essays on Moral Development*, Vol.2, New York: Harper and Row, 1984.

② M. W. Berkowitz, "The Complete Moral Person: Anatomy and Formation," In J. M. DuBois, ed., *Moral Issues in Psychology: Personalist Contributions to Selected Problems*, Lanham, Md.: University Press of America, 1997, pp. 11-42.

③ L. Nucci, *Education in the Moral Domain*, New York: Praeger, 2001.

④ T. Lickona, *Educating for Character*, New York: Bantam, 1991.

⑤ 参见 M. W. Berkowitz, "The Complete Moral Person: Anatomy and Formation," In J. M. DuBois, ed., *Moral Issues in Psychology: Personalist Contributions to Selected Problems*, Lanham, Md.: University Press of America, 1997。

由七个部分构成：道德行为、道德价值观、道德人格、道德情感、道德推理、道德认同及其基本特征。关于是否接纳这种特定品格模型或是其他模型（如"认知、情感、行为"三维模型，即"头、心、手"模型，该模型受到"品格教育伙伴组织"及学者里克纳的支持），需要理解的关键在于"品格"是一个复杂的心理学概念①，其包括了思考是与非，体验道德情感（内疚、移情、怜悯），参与道德实践（分享、向慈善机构捐赠、讲真话），坚信道德善以及展示出一种习惯性趋势；即坚持践行诚实、利他精神、责任感等支持道德功能实现的优良品质。正如霍华德·加德纳（Howard Gardner）在多元智能理论中将"智力"（intelligence）定义为一个复杂的心理特点，我将尝试将"品格"重新定义为个体心理维度的复杂集合体。 49

　　关于品格的这一视角将为接下来本章中的其他部分提供一幅路径图。我并没有受制于这种特殊的定义，而是希望以一种分化型、综合性的心理学方式来定义品格。秉持着这种或其他综合型、差异性的定义，我们可以直接指出品格是如何发展的以及我们能为培育或促进这种品格发展付出何种努力。

品格发展

　　近来蔓延在儿童之间的令人愤恨的暴力行为，已经引发了对"品格是何时开始发展的"这一问题的关注。例如在密歇根州弗林特地区，一名6岁男童枪杀了一名年轻女孩。我认为这是一个十分棘手的问题，无法从根本上予以解答。第一，我们刚刚已经指出了品格是一个多面的现象。第二，品格的每一种构成要素均有自己独特的发展轨迹。第三，不同个体的品格要素的发展顺序与情况均存在差异。第四，每一个个体有不同的发展速度。第五，构成品格的各种要素倾向于逐渐发展或是在一段较长的时间

---

① 参见 T. Lickona, *Educating for Character*, New York：Bantam, 1991。

中呈现阶段式发展。因此，我们无法判断弗林特地区的这名 6 岁的男童是否形成了品格。我们也无法判断大部分 6 岁儿童是否形成了品格。然而，我们可以描述出 6 岁左右的儿童通常具备哪些方面的品格（或是发展到了何种程度）。于是，我们可以将这个儿童与"基准类型"进行比较，请注意儿童品格的发展速度是存在差异的。例如，如果一个 6 岁儿童并未因为伤害他人而感到懊悔，没有意识到其他人可能会有不同的看法，或者似乎并不在乎其他人如何评价他。我们可以认为，表面看来，他并没有形成在其年龄段应该具备的某些方面的品格。

根据这种观点，我们可以公正地宣称，品格的发展始于人出生时或者更早的时期。鉴于有关品格遗传因素作用的证据，我们可以合理地支持"前品格发育"（prenatal character development）这一观点。也有证据显示，在孩子出生前，父母就与他们在情感上发生了联系，并且我们知道父母与婴儿在情感上的联系正是品格发展的一个重要因素。跳出本章来看，记录品格发展的所有要素也是十分有意义的。然而，我将通过阐明婴儿时期、儿童时期和青年时期所选品格要素的发展情况来说明这个过程（具体描述参见戴蒙的论述）①。

婴幼儿时期品格发展

人在品格发展早期最重要的特点是：(1) 移情作用的开始；(2) 个体意识的发展；(3) 相互依赖关系的形成。所有的这些特质均产生于人生命开始的第一年。

成熟的移情能力包括：自我意识、自我—他人的区分意识、换位思考与观点采择能力以及设身处地为他人着想的能力。马丁·霍夫曼（Martin Hoffman）指出，个体的道德移情发展分为四个阶段。在第一阶段，当婴儿见到他人哭泣时也会哭闹。在初始阶段，这种回应只是条件反射式地

---

① W. Damon, *The Moral Child*, New York：Free Press, 1988.

（在 6 个月左右时，婴儿开始具有了能区分自己和他人的意识）。在第二阶段，婴儿有更多的时间来观察处于痛苦中的他人，并积极尝试消减自己产生的"移情痛苦"（例如吮吸拇指）。这种自我安慰行为揭示了此时婴儿未成熟的移情能力，其仍然是以自我为中心。尽管如此，这两个阶段仍然是成熟移情能力的必要基础，也是成熟道德功能与品格发展的核心。　51

个体意识是对自己和他人的区分，即认识到他人和自己是具有不同能动性并且各自存在的不同个体（因此具有各自独立的能力）。这种意识在婴儿出生后的两年内开始发展。所有的品格构成要素（如观点采择、道德推理、羞耻心以及合作）均依赖于"自我—他人"区分意识的发展。如果个体不能先认识到世界上存在其他人，就无法成为一个道德主体。

个体与他人依赖关系的发展——这种强烈的情感关系形成于婴儿与其重要监护人（典型代表是母亲）之间，也许这是个体品格发展最重要的一步。这种关系的发展大致始于婴儿出生后的第一年中期，并在人的整个生命历程中不断发展演变。然而，更重要的是，它是个体一切未来关系本质的最主要影响因素；与品格的其他方面相互联系，如同侪合作、顺从于成年人以及利他行为。美国精神医学学会（American Psychiatric Association）认为，缺乏与他人建立积极联系的动机，事实上是一种"精神病理学症状"（例如社会关系的脱离与冷漠）。在人生早期阶段无法形成一种安全稳定的依赖关系，也许是个体在童年时期出现反社会行为的最重要的原因。

在人出生后的前两年内，关于品格的这些不同方面（其他方面这里不再论述），是今后成熟品格的重要基础，代表着品格形成的第一阶段。

童年时期品格发展

很多品格发展在童年时期发生，然而很难找到一些例子来佐证。尽管如此，我将对如下三方面进行考察：自我控制、内疚以及观点采择。

在某种意义上，自我控制能力始于个体在幼年时期所形成的顺从，　52

在学前阶段，个体内在地完全控制冲动的能力将会取得最大进展，尤其是在 5 到 7 岁间。因此，儿童在延迟享乐、控制冲动与好斗欲望以及监管行为等方面会做得更好。罗伊·鲍迈斯特（Roy Baumeister）认为，自我控制能力是其他美德赖以存在的最主要品德。

鉴于儿童似乎并未形成道德意识的问题，目前引发了诸多关注，内疚感的形成是理解品格发展的最为关键的因素。内疚是一种典型的对自己过失进行自我批评的情感反映，托马斯·里克纳对两种"内疚"进行了区分——"建构性内疚"（constructive guilt，通过自我批评获得提高的动力）及"破坏性内疚"（destructive guilt，导致降低自尊及自我贬损）。就品格发展而言，我们肯定对前者更为关注。格罗苏那·寇坎斯卡（Grazyna Kochanska）及其同事发现，内疚感首次出现于婴儿第 8 个月到 24 个月间，并在两岁至三四岁之间显著增强。

观点采择能力是儿童在学前阶段和小学阶段逐渐形成的，并在整个青少年时期持续发展。有证据显示，儿童早在 24 个月至 30 个月大时，就可进行初级的观点采择。然而，对他人观点意见的理解能力主要发展于三四岁至十二岁间。由于道德功能的实现依赖于平衡不同个体利益需求的能力，因此观点采择能力的发展是品格形成的根本要素。显然，这些关于品格发展的关键因素是在童年期间就开始发挥作用了，因此童年时期成为个体转变为成熟社会道德主体的关键阶段。

青少年时期品格发展

个体在青少年时期的大部分品格发展是婴幼儿及童年时期品格发展的延续。这里我将重点考察道德理性的发展以及道德认同的形成，将其作为青少年品格发展的两个重要例子。

道德理性的发展即对是非问题进行判断推理的认知能力的发展，关涉道德决策及道德评价的有效、成熟发展。人们认为道德理性的发展始于 3 至 4 岁间，并贯穿人的一生中的各个阶段。尽管在小学阶段，这种推

53

理能力就明显地初见端倪；然而，只有在 11 岁或 12 岁时，即儿童进入青春期时，道德理性才能成为一种最主要的、忠实于既定社会道德准则的能力。随着儿童度过青春期，他们关于对与错的评价标准则由以自我为中心、关注行为结果对自己的影响转向以社会为中心，关注个体行为对他人的影响、自己与他人的关系以及由他们共同构成的社会组织。辨别是非对错的能力，对所有遭遇异常或模糊道德问题、深陷真实两难困境的人来说都是极其重要的。并且，道德理性涉及各种不同的道德与非道德行为，如利他行为、欺骗行为、违纪行为以及其他不良危险行为（如药物滥用及危险性行为）。

认同是个体自主建构的自我意识。目前，人们的主要兴趣逐渐转向了对"道德认同"概念的关注——个体自我意识中"善"的核心，因为其经常出现在对于"现实存在"及"假设存在"的道德模范的研究中。青少年时期是个体自我意识与认同形成的关键时期。因此，作为道德主体，个体自我意识的形成与发展极有可能也是在这一时期同时实现的。

品格来源

如果科学可以揭示品格是什么以及其是如何发展的，那么，关于成人和社会如何能够积极促进孩子品格的发展，科学又能告诉我们什么？毕竟，兼顾儿童发展及社会利益，以确保孩子拥有发展成为"合格道德人" 54 的机会取决于成人和社会。家庭（尤其是家长）被认为在儿童品格形成的过程中起到举足轻重的作用。此外，学校、同侪群体、社区（包括媒体）、宗教以及其他生物学因素同样发挥着影响作用。

显然，在儿童品格形成的影响因素中，家长如何教养孩子起主导性作用，而其中的有效因子包括家长的慈爱、育儿理念的一致性、对孩子发出信号的回应、示范作用、价值观表达、对孩子的尊重以及与孩子展开自由开放的讨论。孩子品格的所有方面都受到这些或其他教养因素的影响。

学校发挥的影响作用晚于家长教育，原因在于：第一，人出生后的前几年，父母在情感上的作用是突出的。第二，3 至 5 岁之前，很多孩子并未接受过全天或部分时间的学校教育，而那时，正如我们所已知的，关于品格的很多方面已经开始发展。学校能够影响孩子的自我意识（包括自尊）、社会技能（尤其是朋辈社交技能）、价值观、成熟的道德推理能力、亲社会倾向与行为、道德知识等方面。

关于同侪群体的影响开始于学前阶段，尤其是对那些接受学前教育的儿童而言，这些影响在整个童年时期明显增加，并在青春期达到顶峰。同龄朋友对儿童的自我意识、社会技能（例如解决冲突、结交朋友并保持友谊）、道德理性发展、参与危险行为等方面均产生了重要影响。

社区影响以大众媒体曝光内容、社区特色以及文化价值观为中心。媒体无疑会影响儿童的偏见和歧视（种族主义、性别歧视以及年龄歧视）、攻击性及安全感。宗教与低危险行为和心理健康紧密相联。而关于生物学的证据则更具争议，一些学者强调基因作用对于品格各方面的重要影响（利他行为、勇于冒险），而另一些则认为基因的影响作用微乎其微。其他的生物学因素也介入其中，但仅仅是在一些极特殊的情况下，如子宫内接触致畸因素（如麻醉剂、酒精等）及其他严重疾病的影响。

家庭教育以及品格发展

发展心理学更能充分说明家庭教育对孩子品格发展的影响比其他任何因素都更加重要，包括学校教育。鉴于此，约翰·古瑞奇（John Grych）和我一起就"家庭教育如何影响孩子的品格发展"这一问题的相关文献资料进行了考察和研究。我们发现：首先，很多相关的研究已经存在；其次，促进儿童品格发展的家庭教育因素的共同核心可以通过实证研究来识别；再次，家庭教育内容同样可以被应用于教师行为和品格教育中。

我们确立了八种由发展心理学家广泛研究的品格参数：社会取向（依赖性）、自我控制、顺从、自尊、移情、道德意识、道德推理以及利他行为。从上文的论述中，你们可以认识到其中的一些内容。我们力图找到一些研究，揭示家长行为对八种品格表现的发展所产生的影响。在这八种品格表现中，我们发现至少有两种品格与家长的五种行为紧密相联。"回应性／抚育性"（responsivity/nurturance）行为与其中六种品格相关联（除了移情和自我控制）。对孩子发出的信号和需求给予回应、能与孩子建立温暖、充满爱的关系的家长更能培养孩子坚强、全面的品格。采用开放、民主的方式开展家庭讨论、进行决策判定、解决相关问题的家庭更易于培养孩子的五种品格（除了移情、自我控制和社会倾向）。家长通过"归纳感应式"（induction）行为（如通过说明原因的赞扬或训诫，关注孩子行为对他人感受产生的影响）使孩子具有相对成熟的移情能力、道德意识、利他行为以及道德推理能力。如果家长对孩子的期待较高，并且这种"高期待"是可实现且受到支持的，孩子则会具有更高的自我控制能力、更多的利他行为和更强的自尊心。家长为自我控制和利他行为提供表率作用，孩子则有更好的自控能力和更多的利他行为，其他的研究将会继续对这些结论进行补充。

通过挖掘并汲取发展心理学方面实证研究的丰富成果，我们显然能更好地理解品格发展及其影响因素。同时，我们了解到家长教育是如何影响品格发展的，并且能够更容易地将这些知识运用于学校教育中，尤其是在教师行为上。

在学校中什么是真正有效的？

品格教育的途径与方法并未得到广泛的研究。价值澄清法作为方法之一，几乎已经销声匿迹了，部分原因是有科学证据表明其缺乏有效性。关于课堂两难问题的广泛研究，已经充分证明其能有效促进学生道德推理能力的发展，并且使人们清楚地了解这种促进作用是如何实现的。关于"公正团体学校"方法的详细研究，也已经证明其能有效促进学生道德推理能力的提高，鼓励积极校园文化和亲社会行为规范的发展。而旨在有效阻止被禁冲动行为的"我能解决问题"方式（I-can-problem-solve）已经多次被证明是一种能有效减少青年学生此类行为的有效途径。

在大量具有科学性、合法性的关于品格教育综合途径的研究中，人们广泛关注的是"儿童发展项目"（加利福尼亚州奥克兰发展研究中心的一个项目，www.devstu.org）。这项小学改革项目已经充分证明其能有效促进亲社会行为，减少危险行为，提高学生成绩以及培养民主价值观。此外，该项目已经确认，发展充满关怀的学校社区是实现品格教育实效性最为关键的调节因素。

很多关于品格教育的其他举措和项目在一些单点研究中也呈现出一定的有效性，但并未接受审查并发表。其中，最典型的例子是"责任心教室"（Responsive Classroom）、"第二步"（Second Step）、"积极行动"（Positive Action）以及"创造性解决冲突"（Resolving Conflict Creatively Program）项目。

所罗门（Solomon）、沃森（Watson）、拜提斯缇奇（Battistich）整理汇编了有关品格教育项目和实践活动的具体研究[1]。他们得出了一个结论，四项实践活动能为有效促进品格教育发展提供实证支持：促进学生自治及其影响；学生参与、讨论以及合作；社会技能训练；助人为乐以及社会服务行为。此外，另一个重要调节因素是道德氛围。"儿童发展项目"使用了"关怀性社区"（caring community）这个概念，并将其应用到课堂乃至整个学校中。学生对于学校作为一个"关怀性社区"的认知程度与学校促进学生品格教育发展的有效性直接相关。而"公正团体学校"虽然对这些要素的定义略有不同，但同样认为优化学校的道德氛围与提升学生的道德

---

[1] D. Solomon, M.S. Watson and V. A. Battistich, "Teaching and Schooling Effects on Moral/Pro-Social Development," In V. Richardson, ed., *Handbook of Research on Teaching*, 4th ed., Washington, D. C.: Association for Supervision and Curriculum Development, 2001.

推理能力紧密相连，并且这个结论在国际上获得了普遍认可。关于建构品格教育科学缺乏实证基础的问题，有效的解决办法是开掘与品格教育相关的其他领域的科学证据。

探索相关科学研究的一片沃土是进行风险防范。国家药物滥用研究所所长艾伦·莱希勒（Alan Leschner）指出预防是具有普遍性的，包含识别并防范那些可能导致不良危险行为的风险因素，该领域的其他专家也同意这种观点。药物滥用预防研究者愈发认识到基于品格的干预措施能够有效预防药物滥用。正如品格教育者发现这些举措是具有预防作用的。同样，两门卓有成效的暴力预防课程——"第二步"和"创造性解决冲突项目"，已经被品格教育伙伴组织确认为品格教育的主要方案。与此同时，最有效的品格教育项目——"儿童发展项目"也已被美国教育部确立为暴力防治项目的典范，并被药物滥用预防中心（Center for Substance Abuse Prevention）作为预防项目的标杆。其他观点认为，要将品格教育作为性教育的一种形式。此外，审视这些具有一定相关性的不同领域的实践做法，恰好为我们揭示了一些具有惊人相似之处的有效措施。

有效方法的总结

尽管需要更多的研究来帮助我们更好地理解哪些方法有效、哪些无效，然而，已经有充足的研究资源可以得出一些结论。基于目前的研究文献，以下是代表有效品格教育的七条经验法则。

第一，人们如何对待儿童是影响他们品格发展的首要因素。当学校倾向于关注"劝勉训词"（公共广播公告、海报招贴、主题会议演讲）或"教谕训导"（课程）时，其实是错失良机。为了实现有效的品格教育，无论是在家还是在学校，我们更需要关注人们（尤其是那些对儿童至关重要的人，但不限于这些人）如何对待儿童。当儿童在学校学习生活一天会有怎样的体验？我们在以何种方式对待儿童——是施以仁慈和尊重，还是恃强凌弱或者不闻不问？儿童认为学校和班级是一个什么样的地方——是一个支持性的抚育场所还是使儿童身心受到毒害之地？"关系"是品格发展的关键因素，所以品格教育必须重视学校中人与人之间关系的质量，这包括成人与儿童之间的关系以及儿童之间的关系。这些关系应该是仁慈的（抚育性的、支持性的）、真实的（诚实的、开放的）、尊重的（兼收并蓄的、重视学生话语权的）、一致的（可预见的、稳定的）。目前，大部分的校园谋杀案件均表明朋辈欺侮经历是这些惨剧发生的部分原因。高质量的品格教育需要促进亲社会关系、关怀性学校及班级社区的形成。

第二，众所周知，儿童的学习和发展会受到他们所观察到的事物的影响，因此，有效品格教育的第二个重要因素是——在孩子眼里所看到的人们对待他人的方式，正如西奥多（Theodore）与南希·赛泽（Nancy Sizer）在新近之作《学生正在注视着》（*The Students Are Watching*）中所提到的。家长已经注意到儿童非常关注，并能记住其在学校所观察到的教师及其他成年人的行为。教师同样明白，即使是年纪非常小的学生，也能记下并描述出各种各样的家庭行为。在这两种情况下，这些所见、所描述的行为往往是成年榜样并未意识到会被记录甚至被观察到的行为，并且多数情况下，他们宁愿这些行为完全没有被注意到，起码不被公开传播。事实上，学生时时刻刻都在注视着这些行为，更糟的是他们正在模仿这些行为。一些小学教师曾经告诉我，如果你想知道自己是一个怎样的老师，只要看看你的学生在学校的所作所为就知道了。积极的榜样行为，如利他行为和移情行为能使学生产生相应的正面行为。而不受欢迎行为的示范作用，如暴力行为和欺骗行为，同样会增加学生负面的行为。如果成年人在自己生活中不能做到尊重他人、富有责任心，却期望孩子成为恭敬有礼且具有责任感的人，则是完全无意义的。很多教育者称自己不是品格教育者，也不愿为之。而如果你在孩子身边工作，你无法不成为一个品格教育者。弃权并不是一种选择。或好或坏，你的行为一定会影响儿童的品格发展。端正行为且言出必行是实现品格教育实效性的必要条件。

第三，学校需要对所有成员提出具备优良品格的期待。换言之，品格应该是一种明确的前提和期待——学校必须要求好的品格。这种期待应该是明晰的、高标准的，但同时是可实现的；并且，需要一套支持体系，赋予学生及学校其他成员达到该期望的合理机会。这些期待可以来自不同的渠道，但理想情况下，它们来源于整个学校社区。所有的利益相关集团均应在提出或认可这些期望的过程中作出陈述（如果这些期待来自其他渠道）。

之前，我提到过劝勉说教并不是影响品格发展的最主要方式，尽管如此，它却是一个使人置身于积极品格熏陶下的重要方法。其作用体现在两个方面：其一，儿童通过观察和体验他人对待自己的积极方式，来强化学习并且获得发展；其二，净化了儿童通常获得的模糊行为信息。具有影响力的家长道德行为被称为"诱导感应法"，因为其包含了家长对于行为的评价阐释（赞扬或斥责），所以往往十分奏效。正如托马斯·里克纳告诉我们，我们不仅需要实践我们所倡导的，同样需要倡导我们所实践的。

儿童同样需要获得践行良好品格的机会。学校需要积极促进学生自治及其影响力的发展。儿童也需要学校为其创设培养不同技能的机会，诸如观点采择能力、批判性思维能力以及冲突解决能力等，一些作为一个有品格的人所必须具备的素质与技能。他们同样需要践行品格的机会。学校越来越注重促进具有不同本质内涵的服务活动，如同侪调解、学生自治以及慈善活动都是践行良好品格的最佳机会。

为了促进道德思维能力的发展，学生们需要获得关于道德问题的推理、争论以及反思的机会。这包括采纳他人观点意见的机会，尤其是当这些意见与他们自己的观点不相符时。这些可以通过课程来实现——利用课程内容和方法促进学生关于道德问题的同侪讨论交流能力，并将其嵌入社会研究、文学或其他科学、哲学的案例研究等学习之中。这些也可以被应用于关注品格和道德问题的单独的课程或项目中。关键在于创设一种氛围，使学生及其朋辈能融入其中，公开探讨这些问题，并且让他们感受到诚实守信与直言坦率是安全的。教育者在创设这种氛围的过程中需要得到多方援助，这是学校促进学生品格有效发展的必要条件。

61

最后，如果家长能主动、积极地参与学校品格教育的努力就更完美了。诚然，能支持这项建议的科学证据并不那么充分，但从其他领域的研究分析和推论中，可以得到对这一事实的支持——家长通常是孩子品格发展最主要的影响因素。当学校和家长通力合作时，品格教育往往最见成效。

今后的品格教育

到目前为止，研究分析大多局限于小学至中学教育，大概从 6 岁至 18 岁，从幼儿园到高中。高校也同样应该关注自身为未来社会公民的品格形成所作出的贡献。从 1999 年我有幸被授予"美国空军军官学校品格发展霍兰德·H. 库尔斯教授"之后，我开始关注高等教育能为学生的品格发展提供何种助力。中校（已退休）迈克尔·J. 菲库拉（Michael J. Fekula）和我曾经写了一篇文章，具体论述高等教育中品格教育的主要构成，即：

62
- 教授品格（道德与伦理）
- 展示品格（既可以通过个体行动，也可以通过组织机构的政策）
- 要求品格
- 实践品格（通过学习、参与学校治理、社区服务以及体验式学习）
- 反思品格（口头形式、书面形式等）

在我之前的论述中，你会发现很多这些内容。然而，正如军事院校、宗教学院以及其他大学（我在马奎特大学工作了 20 年，密尔沃基市的一个耶稣组织）等组织机构所集中展示的那样（至少是潜在的），对于品格教育始终如一的、支持性的、合理的责任承诺，是在学校或其他任何机构中发展学生品格最具价值的部分。

我们将何去何从？

作为一种新生态的"品格教育新科学"，还有很多疑问仍未解开：

● 品格教育的长期效应究竟是什么？

● 综合性品格教育范例中的哪些因素会对品格的哪些要素产生影响？

● 有效品格教育中最关键的因素是什么？

● 有效的小学、初中及高中品格教育各有何不同？

● 有效的品格教育与有效的学校预防项目及服务学习活动有哪些重叠部分？

● 我们如何能有效地测量品格？

63

● 对于有效品格教育来说，什么是真正具有"回应作用"的，即何种努力程度才足够真正缔造不同？

● 教育的何种存在形式会对培育品格产生阻力？

● 品格教育必须集合全校之力还是可以在班级层面有效开展？

目前仍然有一些重要的谜团正等待品格科学家来逐一揭开。随着更多研究的不断深入，将有更多真理浮出水面。倘若我们能为发展品格教育的真正科学而奋斗，并能够基于品格发展以及促进品格发展的干预活动的经验性理解而作出努力，那么我们将是全副武装地在作出重要贡献，不仅是为我们的孩子，也是在为我们共同赖以生存的整个世界。

第四章　道德典范

劳伦斯·J.沃克（Lawrence J. Walker）

　　表面看来，道德心理学和道德教育领域的发展似乎已经停滞，其原因在于主导模式概念上的扭曲和偏见。这些模式提供了关于道德功能的一些一成不变的乏味概念，以及促进儿童道德发展的无效方式。在此，我主要关注两个基本问题：第一，该领域由于受到道德哲学方面形式主义传统以及道德心理学方面认知发展理论的影响，过分关注道德理性而排斥人格因素，并将其视为消减道德理性的纯粹消极因素。第二，该领域过分关注调节个体与他人关系的道德人际关系因素，从而忽略了更多关涉个体基本价值观、生活方式、认同以及品格的心灵内部方面。本章中，我倡导道德教育领域的一个全新的方向，重点强调道德人格、品格及美德的发展——并将通过道德典范的研究来阐明这个新方向。

　　目前，这项研究的基础在于对"道德"涵义的共识性理解。这里，我力图提出一个关于"道德"的有效定义，并以此来阐明我个人的设想和理解。我对关涉这类概念的道德哲学方面反复出现的争议了如指掌，我也并非认为自己有任何的解决办法，只是想试图澄清自己的出发点。于是，我有意将其定义泛化，即便是错误的，也宁愿其流于宽泛而非过于偏狭。在我看来，道德是一种根本的、具有普遍渗透性的个体功能，包含个体内与个体间的双重因素。具体而言，道德是一种自主行为，至少潜在地具有一些社会及人际间的影响，受到内在认知及情感机制的支配。

　　关于这个"临时性定义"，有几点需要说明。首先，道德显然是一种人与人之间关系的产物，因为其管理着个体之间的互动，并进行冲突调节，因而涉及我们的行为对他人权益和福利的影响。然而，道德也是一种个体内部产物，因为它是"我们应该如何生活"这个存在性问题中不可或缺的一部分——关涉基本价值观、生活方式及认同问题。这些道德功能的内在方面确实对个体间的互动产生了间接影响（如以上定义所言），因为我们的价值观与道德品格是在我们与他人的关系中得以体现的。相比之下，道德功能中的人际方面更加注重人与人之间的权利和福祉，这一点在当代道德心理学和道德教育中得到了完美呈现，但个体内部方面却并非如此。道德心理学中的主要理论更有选择性地对该领域进行了定义，忽视了被贬损地贴上"私德"标签的自我发展及个体价值观等问题。

其次，关于道德的定义，需要指出道德功能是多面性的，涉及思想、情感以及行为之间的动态相互作用。诸如"内疚"或"移情"等道德情感总是伴随着认知而产生，个体价值观或者个体与他人的互动总是需要一些情感因素，并且个体的自主行为总是以决定其道德素质的意图为依据。而道德功能的互动性本质却受到了该领域的主要理论传统的破坏性消减，每一种理论传统均将心理功能的不同方面作为道德核心的代表——社会学习理论传统强调通过学习原理获得道德行为；认同内化理论传统（心理分析学派）强调通过与家长达成共识来实现道德情感的管理与防御机制的运行；而认知发展理论传统强调通过个体意义的建构来实现道德判断能力的发展。这种人为的"三分法"——以道德心理学领域这些相互矛盾的主要传统为代表——模糊了道德功能中思想、情感、行为三者之间相互依赖的本质，由于抽离并过于关注其中某一特殊因素，而弱化了我们对道德功能的理解。因此，目前道德心理学的一个紧迫目标是：以一种综合的、整体的方式来考察这些不同方面是如何关联的。

道德心理学中这些相互矛盾的观点并未得到有意义的整合，相反，已经出现了结构失衡的现象。如果用玄妙且富有诗意的语言来形容目前这种样态，我认为当代道德心理学所受到的理性因素影响，好比星际中的运行关系——行星由于受到道德理性"引力"作用的影响，脱离了本来

67

的"行星连珠"天象，因而在迷失方向的困境中徘徊。与社会科学以及自然科学中的其他学科一样，道德心理学受到了启蒙运动遗留问题的过度影响，主要关注建立道德理解与信念的理性基础，并以此来克服道德相对主义的危机。需要注意的是，这种对于道德理性基础的全神贯注，取代了长久以来对美德与品格的道德关注（亚里士多德传统），而这种关注可能与道德生活中的常识观念更加一致。

该领域的主流哲学观点一直是形式主义传统，最好的例证是伊曼纽尔·康德所强调的关于个人主义、正义、权利以及责任的假设。康德对人的本质持有一种二元论观点——理智与情感的对抗——认为理性居于道德功能的核心，而对人格学因素（情感、欲望、个体意志等）持怀疑态度，认为这些因素是人们达到自律性道德理性标准所必须克服的偏见。

同样，目前道德心理学领域最盛行的理论框架是由劳伦斯·科尔伯格提出的结构主义认知发展理论传统，强调道德推理能力的阶段性发展。结构主义传统理论并不是唯一强调认知发展的。总体来看，心理学已经遭遇了一次真正的认知革命，认知型信息处理方式已经导致心理分析理论及行为学理论的黯然失色，这也正好体现了第二次世界大战后期产生的自由主义乐观。人们认为，科尔伯格克服了早期道德研究哲学上的天真无知，试图将道德发展阶段的建立作为心理学探究的合理范畴。① 近30年来，科尔伯格的这种理论模型在道德心理学中一直处于主导地位，也许这是理所当然的，正因如此，他在理论探索、实证研究以及实际应用方面作出了丰碑式的不朽贡献。很少有人会对此吹毛求疵，即便是不同意科尔伯格观点的人，也十分敬重他的理论并经常将其作为比较对象。这些人的回应建立在一种强化科尔伯格理论模型的基本假设之上，进一步证实了科尔伯格的深远影响。科尔伯格的形式主义与结构主义传统使其关注于道德推理的发展，通过考察个体对道德两难困境解决办法的思考来进行道德评价，并试

---

① 参见 L. Kohlberg, *Essays on Moral Development*, Vol.1, *The Philosophy of Moral Development*, San Francisco: Harper & Row, 1981; and Vol.2, *The Psychology of Moral Development*, San Francisco: Harper & Row, 1984。

图建立一种由理性来定义、由发展过程来进一步阐明的道德发展理论。科
尔伯格认为，公平原则是解决道德冲突的最好办法，而这种推理具有自 69
动激励效应，足以促成道德行为（这里科尔伯格采纳柏拉图的两句箴言：
"美德是一个整体，它的名字叫正义"（virtue is one and its name is justice）；
"知善即行善"（to know the good is to do the good）。

　　然而，这些设想并非没有受到任何挑战：除了正义，关于善的其他相
互矛盾的概念，如关怀与社群，虽然已经受到了肯定，但对于道德判断行
为的可预测性功能却十分微弱，这正好指出了我们道德生活的缺口。此
外，科尔伯格对于道德成熟的理解，是以原则性道德判断为核心，这是一
种理想化的道德立场，需要一种抽象的公正性，来将自己与自身的人格和
利益分离开来，从而才能遵照具有普遍性的道德原则进行判断和行动。然
而，在心理学上，这种道德原则即道德成熟的愿景，是空洞无益且令人怀
疑的。科尔伯格模式中固有的哲学限制和心理学侧重不可避免地造成了视
角上的局限性，而概念上的偏斜也必然导致狭隘的道德功能观。科尔伯格
对于自己理论模型中由于强调道德理性和公正所造成的局限性并非完全熟
视无睹，他试图从几个方面对自己的理论进行具体化，至少是在坚持其理
论范围内尽可能地进行充实；然而，到目前为止，这只能使该理论模型变
得扭曲，而认知和公正仍是其理论的核心重点。

　　其他有影响力的道德心理学家[1]也同样含蓄地假定了现代性的目标，

---

[1]　N. Eisenberg, "Prosocial Development: A Multifaceted Model," In W. M. Kurtines and
J. L. Gewirtz, eds., *Moral Development: An Introduction*, Boston: Allyn & Bacon,
1995; C. Gilligan, *In a Different Voice: Psychological Theory and Women's Development*,
Cambridge, Mass.: Harvard University Press, 1982; J. R. Rest, D. Narvaez, M.
J. Bebeau, and S. J. Thoma, *Postconventional Moral Thinking: A Neo-Kohlbergian
Approach*, Mahwah, N. J.: Erlbaum, 1999; R. A. Shweder, M. Mahapatra, and J.
G. Miller, "Culture and Moral Development," In J. Kagan and S. Lamb, eds., *The
Emergence of Morality in Young Children*, Chicago: Univeristy of Chicago Press, 1987,
pp. 1-83; E. Turiel, *The Development of Social Knowledge: Morality and Convention*,
Cambridge, England: Cambridge Univeristy Press, 1983.

70 因此，同样因为强调道德理性，却对道德人格、品格和直觉置之不理而受到苛责①。总体来看，道德心理学领域的联盟因其在人际功能应用方面过分强调道德理性而被曲解。

这种颇为盛行的对"道德理性"的强调，侵蚀了人们对于道德功能的其他方面的关注，并且掩饰了道德生活的复杂性。过分强调道德理性的危险在于将人们与自己的人格分离开来，且可能会损害人们成为道德人的动机，造成一种被称为"道德分裂"（moral schizophrenia）的状态②。另一种稍有不同的表述这种担忧的方式是指出道德心理学过分专注于道德功能的人际方面（公正、权利、福利及关怀），而相比之下，却忽视了关涉"善良的人"与"美好的生活"特质的道德功能的内在方面（基本价值观、认同及正直）。与之类似，弗拉纳根（Flanagan）批判了哲学领域道德品格的边缘化，提出了一个更现实且更令人信服的关于道德功能与道德理想的观点——一种"像我们一样的生命体"的心理上的可能性。弗拉纳根认为，目前的道德理论框架并不能为道德行为提供有效信息，因为其对心理功能进行了预先假定，认为这是普通人永远无法企及的。

> 任何道德理论都必须承认……无论某一个规划或承诺赋予个体生命何种意义，所有的人，即便是极其公正的个体，也会对自己的规划更为偏爱。这并不受任何道德观念的左右……它可以合理地要
71 求一种客观的、抽象的或公正的形式，而无视普遍心理学特点所产

---

① R. L. Campbell and J.C. Christopher, "Moral Development Theory: A Critique of Its Kantian Presuppositions," *Developmental Review*, 1996 (16), pp. 1-47; J. Haidt, "The Emotional Dog and Its Rational Tail: A Social Intuitionist Approach to Moral Judgment," *Psychological Review* (in press); D. K. Lapsley, *Moral Psychology*, Boulder, Colo.: Westview Press, 1996; and "An Outline of a Social-Cognitive Theory of Moral Character," *Journal of Research in Education*, 1998 (8), pp. 25-32.

② M. Stocker, "The Schizophrenia of Modern Ethical Theories," *Journal of Philosophy*, 1976 (73), pp. 453-466.

生的束缚限制。①

因此，我们频繁地听到了越来越多关于要求丰富道德发展心理学研究的呼声，呼吁将认知与人格、品格整合，以此来提供关于道德功能的整体性理解以及促进道德发展的有效方式。需要重点说明的是，这些对于道德心理学领域理性主义偏见的批判，并非否定道德理性所发挥的不可或缺的作用；而是有意地将道德人格与品格纳入其中，并由此提出一种关于道德功能的更充实丰满且平衡适度的阐述。

道德心理学新方向：人格与品格

道德发展心理学演化发展的新方向似乎是研究道德人格与品格——一种有潜力兼顾道德功能的"个体间"与"个体内"方面，涵盖认知、情感、行为要素的新方式。同样，道德哲学家开始认同对道德理论进行制约和限定的必要性，并通过经验主义方式阐释人们对于道德的一般理解，以及在道德功能实现过程中所涉及的心理过程。②

而我在实证研究工作中，倡导并追求一种双管齐下的综合道德功能解释方法：其中，一种方式是审视人们关于道德功能以及美德伦理的观念，而这些观念正是内嵌于日常用语和共同理解中的概念；另一种方式是考察道德典范——一些被认定为是道德的、正直的及有责任感的人们的心理功能。这些不同的经验主义策略需要相互增进理解，提供道德功能方面的共同依据，而这些策略在日常生活中是切实可行的，并且应该被纳入道

72

---

① O. Flanagan, *Varieties of Moral Personality*: *Ethics and Psychological Realism*, Cambridge, Mass.: Harvard University Press, 1991, pp. 100-101.

② See M. L. Johnson, "How Moral Psychology Changes Moral Theory," In L. May, M. Friedman, and A. Clark, eds., *Minds and Morals*: *Essays on Cognitive Science and Ethics*, Cambridge, Mass.: MIT Press, 1996, pp. 45-68.

德发展理论以及道德教育、社会化教育的方法之中。

美德观念

当下占主导地位的道德心理学模式通过引入各种不同的偏见和先验性假设而使人们产生曲解，因此，考察人们美德观念的部分动因即是为了发现这种歪曲和误导。哲学观点具有内在的约束力，因此需要对由一般认识及直觉产生的实证研究的证据进行审视核查。在此关键节点，道德心理学与道德教育需要与人们如何日复一日地体验道德紧密结合起来，而不应受到哲学概念模型的严格限制。我预感，关于道德功能概念的广泛调查研究也许能揭示在当代道德心理学中，一些由于受到哲学与方法论方面的阻碍而不受重视，却十分重要的观念。

道德心理学研究领域的这个新方向是通过最近我的一个研究项目的调查结果所揭示的，这个项目着重考察了人们的美德伦理观念。① 尽管大部分道德发展理论给予道德典范概念的关注极少，但科尔伯格曾经表达过关于道德成熟的明确愿景——获得关于正义的"困境瓦解"原则（dilemma-busting principles）。然而，如之前所探讨的，由于他关注的焦点是道德理性，所以此种观点是苍白无力的，且在心理学上也是空洞无效的。无论怎样，目前关于科尔伯格令人困惑的第六阶段（具有普遍性的道德原则）的经验性证据仍然十分匮乏。我对于美德伦理观念的探索主要包含三项系列研究，即自由列表（free-listing）、典型性等级评定（prototypicality-rating）以及相似性排序（similarity-sorting），并且试图提供对人们潜在观念以及道德类型的处理办法。通过分析发现，人们对于"道德成熟"的潜在理解包含两个向度："自我—他人"向度与"外部—内在"向度。其中，"自我—他人"向度包含"控制"与"培育"（或"能动

---

① L. J. Walker and R. C. Pitts, "Naturalistic Conceptions of Moral Maturity," *Developmental Psychology*, 1998 (34), pp. 403-419.

性"与"团契性")这两个概念之间的动态关系,并将其作为理解人际间行为的根本,由此阐明道德功能中个体的能动性与团契性之间的张力;而"外部—内在"向度反映的是外部道德标准与个体道德意识之间的张力。这意味着实现道德成熟既需要培养对于共同道德规范的感知度,也需要发展自主道德价值观及道德标准。

根据研究分析,我们也辨识出人们在理解"道德成熟"的过程中所产生的一些具有不同属性特征的集群(或主题模块),"原则—理想"模块反映了获得坚定价值观和原则体系以及坚持高标准与理想的重要性——这是一种敏锐的、清晰的道德感。而"公平"属性包含了反映科尔伯格美德伦理观念的正义、原则以及理性概念,因此,自然主义观念确实包含了道德的元素。而"可靠—忠诚"模块、"关怀—信赖"模块与人际敏感度、热情温暖主题产生了共鸣,因此,体现在助人为乐、体贴周到行为中的利他本位的"同情"和"关怀",以及通过"忠诚"与"可靠性"建立关系,是道德功能概念中最为关键的属性。"自信"模块是指能动性品质,这些品质在个体追求道德理想的过程中至关重要。对道德价值观及道德标准的坚定承诺("原则—理想"模块)与强烈的自我意识与能动性("自信"模块)的结合对正直诚实的形成大有裨益,而正直诚实一直被视为道德成熟必不可少的条件(包含"诚信"模块)。因此,一个有道德的人正是基于这些原则、价值观及理想才得以付诸行动,并且能够依靠个体的毅力坚持下去。

这里,在众多美德中需要重点强调的是诚实、坦率、信赖及关怀、同情、体贴、周到这些概念,而其他突出的品质以可靠、忠诚、尽责为中心,道德品格中的这些方面是人际关系与社会功能的基础,却并未受到道德心理学足够的重视,并且已经沦为一种单纯为了迎合社会期待而成为"好孩子"的不成熟的心态。最终,正直诚信的概念在关于美德伦理的描述中居于核心。诚信代表着思想与行动之间的联系,然而,道德功能的"理性主义模式"与"行为主义模式"均未能摆脱其自身的限制,因此,正直诚信的概念便会遁入苍白无效之中,改变这种现状是我们理解道德心理学且试图促进其发展的基础。

74

然而，在道德心理学和道德哲学领域，"正直诚信"的概念与"道德自我"的发展正在逐渐获得越来越多的关注①。布拉西（Blasi）倡导"道德自我"的概念，以此来反映人们如何对道德领域进行概念化以及道德在其自我意识和认同中所凸显的重要程度。关于道德典范的研究表明了自我与道德 75 在人们生活中的特殊结合，其在个体目标和道德目标中几乎没有差别②，却包含了主要囊括道德人格特征和目标的自我归因③。并且，个体对道德行为的责任、自我一致性或诚实正直也包含在布拉西的理论模型中。显然，道德心理学需要对自我在道德功能中的重要作用进行系统化的实证考究，因为它是将道德功能中的认知、情感内容与行为相联系的潜在因素。对此，一个重要例子是班杜拉关于"自我调节情绪过程"的研究，他发现，在个体自我"问题行为"的情境中，这个调节过程可能会失效④。考虑到人们将自己视为道德人的强烈需求，班杜拉解释称，"文饰作用"（rationalizaitons）⑤

---

① A. Blasi, "Moral Understanding and the Moral Personality: The Process of Moral Integration," In W. M. Kurtines and J. L. Gewirtz, eds., *Moral Development: An Introduction*, Boston: Allyn & Bacon, 1995, pp. 229-253; G. G. Noam and T. E. Wren, eds., *The Moral Self*, Cambridge, Mass.: MIT Press, 1993; V. A. Punzo, "After Kohlberg: Virtue Ethics and the Recovery of the Moral Self," *Philosophical Psychology*, 1996 (9), pp. 7-23; L. J. Walker and K. H. Henning, "Moral Development in the Broader Context of Personality," In S. Hala, ed., *The Development of Social Cognition*, East Sussex, England: Psychology Press, 1997, pp. 297-327.

② A. Colby and W. Damon, *Some Do Care: Contemporary Lives of Moral Commitment*, New York: Free Press, 1992.

③ D. Hart and S. Fegley, "Prosocial Behavior and Caring in Adolescence: Relations to Self-Understanding and Social Judgment," *Child Development*, 1995 (66), pp. 1346-1359.

④ A. Bandura, "Social Cognitive Theory of Moral Thought and Action," In W. M. Kurtines and J. L. Gewirtz, eds., *Handbook of Moral Behavior and Development*, Vol.1, Hillsdale, N. J.: Erlbaum, 1991, pp. 45-103.

⑤ 文饰作用（rationalizaitons），也被称为合理化的适应，西方心理学的用语，指一种自强防御机制或适应行为，即一个人为了掩饰不符合社会价值标准、明显不合理的行为或不能达到个人追求目标时，往往在自己身上或周围环境找一些理由来为自己辩护，把自己的行为说成是正当合理的，以隐瞒自己的真实动机或愿望。——译者注

在掩饰个体行为评价中发挥重要的解构作用，并以此来维护道德自我的感受（通过重新解释、委婉申辩、有利比较、推卸责任）等方式。道德成熟中更高层次的自我意识和自我一致性应该协助抑制这些"道德脱离"（moral disengagement）问题。

总体上看，当该领域朝这个新方向迈进时，一些美德伦理方面的困境需要被置于核心位置来优先考虑。例如，本研究中所列出的美德伦理列表，代表了一些品质的集合，而这些品质却是任何人都不可能完全连贯地展现出来的。目前，我们还无法理解道德品格中的这些方面是如何在心理功能中交互作用的。拉普斯莱（Lapsley）指出，并非所有的美德都必然能和谐共存，"某些性格上的盲点正是培养生活中其他方面美德所要付出的代价"。① 关于这方面的例证是从科尔比（Colby）与戴蒙（Damon）关于"道德典范"的研究中得出的，这些人大都是因为自己对道德事业的承诺与奉献而被认定为"道德典范"的（换言之，大多数是社会积极参与者）。② 很多道德典范曾就自己与孩子的关系表示过遗憾，与自己所追求的社会事业相比，这些孩子似乎处于被忽视状态。

与此相关的一个问题是，我们需要认识到在表达内容方面，美德有时会存在一些不良方面或者至少是道德方面的问题。亨宁（Henning）与沃克（Walker）运用人格评估法绘制了"关怀伦理"（ethic-of-care）示意图③。在某种意义上，我们会关注关怀美德可能会出现"故障"的方面——无论对关怀者或是被关怀者而言，都可能产生功能失调的影响。"自我牺牲式"关怀能够说明自我忽视及过分介入他人生活，可能会折损这种关怀的品质。另一种不良的模式是"顺从型"关怀，在这种情形下，

---

① 参见 D. K. Lapsley，"An Outline of a Social-Cognitive Theory of Moral Character," *Journal of Research in Education*，1998（8），p. 32。

② 参见 A. Colby and W. Damon，*Some Do Care: Contemporary Lives of Moral Commitment*，New York: Free Press，1992。

③ K. H. Henning and L. J. Walker，*Mapping the Care Domain: A Structural and Substantive Analysis*，Manuscript submitted for publication，University of British Columbia，2001.

关心他人的动机是出于对于外部消极评价的恐惧不安，而个体的自我表达受到遵从他人意见的牵制。换言之，关怀的美德有时可能会弱化其真实的表现力。而对大部分美德而言，这大概都是准确的。因此，依据其他道德特质的这些原则，一种审慎细致的概念分析与实证研究对于道德心理学的建设是十分有益的。

　　显而易见的是，关于道德成熟或道德品格理想，也许并不存在一种单一的且具有可行性的模范原型；事实上，美德伦理和道德典范的类型是五花八门的。目前，我的研究旨在探索不同类型美德伦理的概念，并由此揭示与之相关的不同美德集群，以及被视为所有道德成熟表现形式之根本的具体美德。研究结果显示，当参与者被问及他们心中的道德榜样，并要求他们对自己的选择进行解释说明时，[①] 道德典范的种类是纷繁复杂的。人们对于道德榜样的界定范围十分宽广，包括人道主义者、革命家、社会积极参与者、宗教领袖、政治家等等。然而，出现频率最高的类别却是家庭成员及朋友。很多参与者明确表示出对于历史人物公众形象的不信任，因此更倾向于选择其所熟知的且能够给出更精准评价的个体。以下两点值得注意：其一，人们对道德榜样的识别具有高度的多样性；其二，许多道德榜样并不是众所周知的名人。通过对"榜样"的提名理由进行分析，真正的道德榜样并非是通常所描述的具备所有道德品质的人，而是展现了部分具体美德的人（比如奥斯卡·辛德勒、马丁·路德·金、特蕾莎修女），这恰恰表明我们需要更好地理解道德品格中这些具体构成要素间的复杂关系以及其表现方式。当然，这些关于道德成熟的自然观点需要根据对真实道德典范心理功能的分析来进行核查。真实的道德典范是否确实能够证明源于自然语言观念的道德属性范围？这也正是我们目前的研究所选择的辅助路径。

---

① L. J. Walker，R. C. Pitts，K. H. Henning，and M. K. Matsuba，"Reasoning about Morality and Real-life Moral Problems，" In M. Killen and D. Hart，eds.，*Morality in Everyday Life*：*Developmental Perspectives*，Cambridge：Cambridge Univeristy Press，1995，pp. 371-407.

道德典范的心理功能

另一种审视道德品格与人格发展的方式是对公认的道德典范进行心理功能的综合分析。在一项对我们设计研究具有丰碑式影响作用的课题中，科尔比与戴蒙对一些道德模范进行了抽样调查研究，这些道德模范被证实在较长时间内具有崇高的道德理想及超凡的责任感①。个案研究结果显示，这些道德典范并非因为普遍性的道德理性而卓越超群，这个结果又一次对道德成熟的主要标准提出了挑战，实际上，道德典范是以另一些暗含道德人格多面性的心理过程为特征的，具体包括：（1）对进步社会影响及持续变革能力的积极接受；（2）通过不断平衡寻求真理与思想开放，而达成对道德原则和价值观的充分肯定（杜绝教条主义）；（3）积极乐观、谦虚（否定道德勇气）、博爱、宽恕、潜在信念与精神灵性；（4）自我与道德的特殊结合反映了对个体与生活中的道德相融合的一种认同（如前文所探讨的"道德自我"）。他们留意到日常生活中的道德问题，同时意识到自己也牵涉其中并负有责任。尽管该研究得出了以上这些有价值的见解，但需要指出的是，这只是一个被挑选出来、没有对照组的小样本，主要研究方法是一种辅助性质的"自传体式"访谈研究，这种方法缺乏心理功能的标准尺度，所运用的分析方法也只是单一的定性分析。

最近，一些学者认为另一个研究项目提供了关于"道德典范"的更加综合的评价方法。这一项研究的结果表明，分析道德典范的心理功能的价值在于倡导道德人格与品格的潜在发展进程。② 鉴于40名年轻志愿者的杰出道德责任感，一些社会服务机构将他们提名为"道德模范群体"，该研究同时招募了与之对应的对照组。参与者在完成调查问卷后，

---

① 参见 A. Colby and W. Damon, *Some Do Care: Contemporary Lives of Moral Commitment*, New York: Free Press, 1992。

② M. K. Matsuba and L. J. Walker, *Caring for Their Community: Study of Moral Exemplars in Transition to Adulthood*, Manuscript in preparation, Univerity of British Columbia, 2001.

以"生活叙事"(life-narrative)方式进行了访谈。为了提供一种综合性的个体心理功能评估方法,该研究在测量方法的选择上,运用了麦克亚当斯(McAdams)的广泛三级人格评估模型:(1)本性特质;(2)情境化关注,如发展目标与个体奋斗;(3)个体的综合叙事①。就本性特质而言,参与者需要完成评估他们特质的调查问卷,该问卷能够反映出被试的潜在人格的五项根本要素。在此五项要素中,"亲和性"(agreeableness)与"尽责性"(conscientiousness)被认为是品格的传统维度,因此最为相关。不足为奇,调查结果发现,与对照组相比,榜样组的亲和性程度更高,由此可以确证个体的人格本性与其道德行为相关。

为了评估中级水平的情境化关注并以此来理解人格功能,我们将测量发展目标与个人奋斗的不同方法都纳入调查研究中。结果发现,与"对照组"形成鲜明对比的是,"榜样组"在个体认同方面更加成熟,并表现出对价值观更强的责任感以及更持久的稳定性。此外,"榜样组"的信念发展更加成熟,他们通过反思这个发展过程而进行人生意义的建构,并且能够运用更高水平的道德推理,来证实其在道德功能中的重要作用。

而在第三层次的人格评估中,我们对个体生活叙事的主题进行考察。我们预计,与"对照组"成员相比,在"榜样组"的生活叙事中,以更多"能动性"和"团契性"主题为特征的现象将更加明显。最终,"榜样组"的生活故事中确实出现了更多的"能动性"特征,这在一定程度上支持了我们的预判。而这些发现恰好与之前的研究结果产生了共鸣——个体能动性是理解美德伦理的重要潜在维度。②

对这一关于道德典范的研究进行总结,我们发现在人格评估的三个层次中,榜样组变量均呈现出与其对照组变量的明显差异(尽管人口学变量相匹配)。然而,我们需要知道,道德成熟是可以通过很多不同方式来

---

① D. P. McAdams, "What do We Know When We Know a Person?" *Journal of Personality*, 1995 (63), pp. 365-396.

② See L. J. Walker and R. C. Pitts, "Naturalistic Conceptions of Moral Maturity," *Developmental Psychology*, 1998 (34), pp. 403-419.

证明的，因此，我们在理解道德功能时，非常重要的一点是，判定不同类型道德典范的显著差异与主要共性。目前，确实有一些研究正依照这些原则在进行。一旦这个领域显示出某种道德典范的心理功能，研究议程将会转向关注这种道德品格发展的形成因素。

应用与结论

本章的一个重要前提是——道德心理学和道德教育领域的发展因为道德发展模式概念上的偏狭而停滞不前。这种模式过分关注于道德理性，却对人格学因素十分抵触，由此形成了心理学上关于道德功能的空洞概念，并且主导了整个领域。此外，该模式强调道德的人际间方面，却忽视了更多关涉我们基本价值观、生活方式、认同及品格的个体内在方面。

本章所倡导的新方向旨在匡正这种偏失，并强调道德人格、品格与美德的发展，而道德典范研究也许是为这个新方向提供了最好的例证。这种方式具有涵盖道德的个体之间及个体内部关系的潜力，因为道德品格和德性反映在我们自己以及我们与他人的关系之中。同时，这种方式也具备整合道德功能的认知、情感以及行为要素的潜力，因为道德品格概念并不接受心理学上的"三分法"，并且在其表现形式中暗含了所有这些要素。并且，这个新风向与近来呼吁人类积极品质的研究及培育此类行为的经验产生了共鸣——众所周知的积极心理学运动。①

本章介绍并阐释了一种初创的、双管齐下的研究道德榜样的实证方

———————

① M. E. P. Seligman and M. Csikszentmihalyi, "Positive Psychology: An Introduction," *American Psychologist*, 2000 (55), pp. 5-14. [积极心理学 (positive psychology) 是 20 世纪末西方心理学界兴起的一股新的研究思潮，创始人为美国当代著名的心理学家马丁·塞里格曼 (Martin E. P. Seligman)、谢尔顿 (Kennon M. Sheldon) 和劳拉·金 (Laura King)。他们认为，积极心理学的本质特点是"致力于研究普通人的活力与美德的科学"。——译者注]

法。其中，一种途径是考察来源于日常用语及人们共识中的美德观念，并将其作为对伦理德性、道德理想进行广义理解的康庄大道；另一种途径是运用最有效的人类发展模式和措施，来考察被公认为道德榜样的个体的真实心理功能。可以预见，这两种途径将会产生关于道德功能与理想的一致证据，而其分歧之处则需要我们对自己的见解进行重新审视。依据这些原则所进行的初始研究，对我们投身青少年道德教育事业具有重要的启示意义。也许核心关键在于使我们的儿童能够敏锐地感知道德领域的广度以及其自身价值观、选择和行为内涵的道德意蕴。道德应该被视为渗透在日常生活中的一个无处不在的部分，同时亦应居于思想中最核心的位置。帮助儿童更有意识地去关注道德领域，并使道德关注与他们的生活紧密关联，将会促进儿童道德认同的发展。

道德教育同样需要针对伦理美德进行批判性论辩。仅仅在教室墙壁上张贴美德标语的做法成效甚微，然而，如果希望帮助学生生成优良的道德品格，儿童需要领会诚实、关怀等美德的复杂性甚至是消极的方面，并且每天为如何示范这些美德而努力。关于诸多美德的复杂性甚至阴暗面，确实有一些例子可以证明这一观点。如当被奶奶问及是否喜欢她给你织的毛衣时（而这件毛衣早已过时），诚实的美德就需要因为考虑到避免伤害他人而适当弱化。同样，当基于自我贬低或自我否定而过分关心他人时，关怀美德也会造成不良效应，可能会导致他人对于责任的愤恨感。儿童需要理解并欣赏适度关怀，而这种关怀恰恰取决于维持一种真实的自我意识。其他美德也同样遭遇过矛盾冲突，因此有必要三思而后行，例如，当对朋友的忠诚受到教师对于课堂舞弊质询的挑战时。道德典范是指那些值得被效仿的道德榜样，因此儿童需要学会探索一系列道德榜样的生活。毫无疑问，一些众所周知的历史人物和公众视野中的榜样需要被认真审视，一些本土人物和英雄偶像也应该被包括在内。十分重要的是，有关这些榜样生活中的一切都需要被重新审视，而不仅仅是那些英雄榜样的言论和行为，确切地说，包括他们人格中的复杂性、经历中的形成性因素以及他们的弱点和挣扎。对儿童而言，认识道德典范的多样性，进而认同自己心目

82

中的偶像是十分重要的。儿童不应该只是以认知的方式学习道德典范，更应该参与到道德行动中去。近来，各种强调融入有意义的社区服务的呼吁，也正好反映了这一理念。

最后，正如在之前的研究中所描述的，儿童需要与道德功能中潜在的张力进行抗争。例如，道德概念中的一个潜在向度，即"自我—他人"维度，就包含了"能动性"和"团契性"两层含义。有必要对"个体能力的发展"与"人际关系的敏感性"进行平衡，然而这往往是诸多道德情形中难以维持的一种平衡。儿童恪守道德价值观承诺的发展以及践行这些价值观的意愿，需要通过解放思想并对环境及他人观点保持敏感性来维持平衡。我们可以为儿童注入这样一种个体能动性及道德必然性，而危险在于，儿童在追求个体道德目标的过程中，可能会肆意践踏他人的利益和需求。此外，道德概念中的另一个潜在向度，即"外部—内在"维度，则反映了共同道德规范与自主道德原则之间的持续张力。这里需要再次申明，在尊重社群道德价值观与小心遵循个体内心的道德理想和原则之间，儿童需要学会鉴别这种偶尔出现的张力。毫无疑问，当我们为道德心理学和道德教育领域标绘新方向时，仍有诸多可能性有待进一步思考与评估。

83

第五章　培养禁欲主义勇士

南希·谢尔曼（Nancy Sherman）

一名在越南战争中被击落的海军飞行员——詹姆斯·B. 斯托克代尔（James B. Stockdale），在落入敌人手中时，极具先见之明地喃喃自语道："从今以后的至少五年内，我将会远离科技的世界，进入到'爱比克泰德'（Epictetus）的世界中。"①20 世纪 60 年代中期，爱比克泰德的著名巨作——《手册》（*Enchiridion*），曾是斯托克代尔在越南海域巡航时出现在各艘战舰军官室中的睡前读物。禁欲主义哲学与斯托克代尔的性情、职业产生了强烈的共鸣，他也因此熟记了许多爱比克泰德的精妙言论。在 1965 年 9 月 9 日斯托克代尔被击落的那一天，他并不知道，这些振奋人心的禁欲主义声音是支持他度过随后六年战俘生活的关键，也是展示他作为战俘指挥系统中高级军官之领袖风范的支柱。

将一名战俘幸存者看作一位禁欲主义圣人其实并不需要多么丰富的想象力，因为战俘生活所面临的挑战正是一种禁欲主义挑战——在几乎被剥夺了所有的身体和精神给养之后来找寻自己的尊严。禁欲主义既是一种防御哲学，也是一种忍耐哲学。严格地说，禁欲主义旨在通过否认个体控制之外的内在善良来将人的脆弱性消减到最低限度。在许多方面，海军新兵训练营即是士兵接受早期禁欲主义教育的地方。大体看来，人们很容易

---

① 引自 James B. Stockdale, *Courage Under Fire: Testing Epictetus's Doctrines in a Lab of Human Behavior*, Stanford: Hoover Institution Press, 1994。

将军队里的男兵和女兵看作是禁欲主义者。通俗地讲，"禁欲主义"这个特殊的概念，意味着被控制、受纪律规诫、不易焦虑激动或被外界扰乱。军官们则更趋向于培养此类品格特质，以一种生动的方式实现禁欲主义实践哲学的慰藉。在这篇文章中，我将通过回顾古老传统的禁欲主义教导模式来探索军队道德教育中的一些问题。

1994 年 2 月，细雨霏霏的一天，我开始在军队工作。一名海军专职牧师邀请我和一些高级军官一起讨论关于一次"电气工程考试抄袭丑闻"的道德补救问题——133 名海军军校学生卷入此次"抄袭风波"中。尽管这名牧师知道我并非海军内部成员，但他希望我作为一名专业的伦理学家能够作出一定的贡献。1994 年 2 月的这次会面，使我有幸成为了一名道德伦理方面的顾问和访问教师，而我的工作对象则是卷入此次"抄袭丑闻"中的 133 名电气工程专业学生。之后，我于 1997 年被任命为美国海军军官学校伦理学特聘教授。在海外，我用专业的海军术语教授"伦理学入门课程"（Ethics 101）——一门在美国及欧洲大学教授了近一个世纪的课程。然而，像美国海军军官学校这样的一所工程院校，却略过了这种入门级的伦理学课程。一般而言，领导能力课程的标准内容通常是管理学和动机心理学的组合。然而，这门关于伦理学的古老科目，在某种程度上，却被一些人当成一种突发奇想的甚至可能是离经叛道的课程，因为这些人认为该课程所教授的内容是关于人与生俱来且无法改变的天性。而依照约定，我将教授伦理学——军事道德伦理。然而，出乎意料的是军队对我也有所启发，这种教育经历允许我进入一个我们这一代人所无法触及的世界，一个被越南战争所阻隔却长期以来固若金汤的世界。这些经历为我提供了关于禁欲主义信条的鲜活实例，而这些内容过去只有在教科书中才能见到。

在学期中的某个特定的时间点，禁欲主义的魅力就会逐渐凸显出来。我所教授的课程关涉诚实、自由、美德以及正义战争等主题，涵盖具有禁欲主义代表性的人物，如亚里士多德、阿奎那、约翰·斯图尔特·密尔、伊曼纽尔·康德以及爱比克泰德等历史人物的杰出作品。当讨论到爱比克泰德时，学生中的许多人发现自己找到了一种归属感，而这种共鸣正是詹姆斯·斯托克代尔每晚读爱比克泰德作品时所产生的共鸣。

> 有些东西在我们控制能力所及范围之内，有些却于所及之外。在我们控制能力之内的是观念、目标、欲望、厌恶，一言以蔽之，即归属于我们自己的任何东西。而在我们控制能力之外的是身体、财产、名声、官职，总而言之，这些并不是完全归属于我们自己的事务。

> 需要牢记的是，如果你把自由归因于天生具有依赖性的事物，并且将属于别人的东西当成自己的，你就会被牵制，会感到悲痛，受到烦扰，埋怨上帝和他人……如果一件事关涉任何我们所无法控制的因素，请准备好告诉自己这对你来说无足轻重。①

爱比克泰德合理地认为我们的观念、欲望及感情在个体能力控制范围之内。这并不是在一种激进的意义上，认为它们可以立即产生，而是认为我们可以间接地通过努力来塑造它们。他认为，通常来说，信奉禁欲主义会导致我们因为自己或他人的观点而影响自己的欲望和感情。与这些我们可以掌控的事物相反，我们几乎无法控制除此以外的其他东西。一名水兵可能会在友军的炮火中被误杀，这是无法躲避的。一名海军女兵也许应该受到嘉奖并升职，但她一直因为其所不能改变的性别偏见而被忽视。尽管投资者谨慎小心，股票仍有可能会暴跌。像爱比克泰德这样的禁欲主义者，是在帮助我们区分能够掌控与不能掌控之间的界限，并提醒我们如果将幸福过度依赖于自己无法主宰的事物时，我们便会感到境遇悲惨。禁欲主义的建议并不意味着一种自满或是故步自封。我们将会继续接受挑战并承担风险，以此来扩充我们所能掌控的范围。我们需要竭尽全力地奋斗拼搏来实现目标，但更有必要学习如何以更大的勇气去直面我们所无法改变

---

① *Enchiridion*, Hackett trans., Indianapolis：N. White, 1983, p. 11.

的事物。

伟大的新禁欲主义

谁才是应该被军队视为典范并接受其潜在指引的禁欲主义者？正如上文已经提到的——爱比克泰德，但我们需要把他的作品放在历史语境中来进行分析解读。粗略来看，古代禁欲主义发轫于公元前300年至公元200年，是广泛的希腊哲学运动（Hellenistic movement of philosophy）的一部分，追随亚里士多德的思想，包括禁欲主义（Stoics）、怀疑论（Skepticism）以及伊壁鸠鲁学派享乐主义（Epicureanism）等诸多内容。早期的希腊禁欲主义，以斯多葛哲学（old Stoa，因门徒簇拥的雅典中央广场旁的柱廊和绘画廊苑而得名）而闻名，这些禁欲主义者对将伦理学与物理学、逻辑学研究相结合的系统性哲学思想非常感兴趣，但该流派的主要先驱如芝诺（Zeno）、克里安西斯（Cleanthes）及克律西波斯（Chrysippus）等人的作品却支离破碎，仅仅依靠后人引用才得以存在。事实上，我们所熟知的禁欲主义是通过西塞罗（Cicero）、塞内加（Seneca）、爱比克泰德和马可·奥勒留（Marcus Aurelius）等"罗马修订者"的著作而获得的。这些"罗马修订者"，有些是用希腊文撰写，如爱比克泰德和马可·奥勒留；有些是用拉丁文撰写，如西塞罗、塞内加，但他们均将自己视为公共生活中心的公众哲学家。

西塞罗（公元前106年—公元前43年），著名的政治演讲家、领事以及罗马将军庞培（Pompey）的支持者。恺撒大帝（Caesar）被暗杀后（西塞罗认为他是一位诛戮暴君），西塞罗在政治生涯末期开始转向专注于哲学作品的写作，并以此来躲避安东尼（Antony）和其他"三巨头"[①]执政

89

[①] "三巨头"（triumvirs），这里是指"罗马后三巨头"：屋大维、雷必达和马可·安东尼。——译者注

成员可能对他实施的暗杀。尽管西塞罗本人并不是一个禁欲主义者（他被视为"新学园派"及怀疑主义流派的成员），却书写了大量关于禁欲主义观点的作品，尤其是《论道德目的》（*On Ends*）和《论责任》（*On Duties*）这两部著作，作为禁欲主义立场的代表作品，对整个文艺复兴和启蒙运动时期的影响都颇为深远。此后，公元一世纪中期的作家塞内加是年轻的帝王尼禄（Nero）的导师和政治顾问。他撰写了大量关于情绪问题的文章，认为如果愤怒、憎恨和嫉妒不能被合理理解或有效控制，统治者可能会堕落，联邦政权也可能会瓦解。塞内加同样谈到了依恋情感与财富运气，指导人们学会如何在这些因素发展变化时不会感到手足无措。爱比克泰德是一个由奴隶身份转变而来的希腊哲学家，他也在尼禄任期内完成了许多作品，对马可·奥勒留产生了重大影响。爱比克泰德具有警世意义的思想言论被总结浓缩于一本手册中，告诉世人即使身陷囹圄，我们的思维和想象力也有足够的力量来探寻自律和自我实现的方法。

马可·奥勒留，古罗马帝国皇帝和勇士，利用日耳曼运动（German campaigns）期间短暂的平静时刻，于公元 172 年撰写了著名巨作《沉思录》（*Meditations*）。与塞内加不同，塞内加的作品更倾向于关注他人，而马可的《沉思录》是对自己的劝勉激励，描述了自己作为世界公民的身份，以及由"自然法则"和"理性"联系起来的人与上帝共同拥有的社会。他警示人们，个体可能会因为地理位置、金钱财富以及某种嗜好快感的诱惑而远离理性，对名誉的过度热衷也会让幸福快乐腐化而变质。一个不断重复的主题即是我们生活在赫拉克利特所谓的"流变世界"（a Heraclitean world of flux）中，为了追寻幸福，我们不应该将那些稍纵即逝且不在能力掌控范围之内的事物把持得太紧。

禁欲主义教导我们自给自足，并认识到摆脱世俗物质依赖的重要性，因为物质依赖会使我们变得脆弱不堪。依此类推，禁欲主义者也建议我们要从纠结的情感中解脱出来，因为这种情感会使我们过多投入无法控制的事物中。在某种意义上，准备战斗的士兵恰巧听取了此条建议。我在海军军官学校教过的一名飞行员曾经告诉我，每次出任务之前，他为了避免焦虑情绪相互冲突，都通过发出"区分开、区分开、区分开"的祷告来控制自己的情绪。当然，这种祈祷方式是为了知晓什么时候需要把相互冲突的情绪分隔开，什么时候则不需要。军队中的任务准备似乎正好需要这样的方法；但是，为了实现完全禁欲主义，而与承载着"连同"（connection）与"失去"（loss）的情感因素彻底分离，这种方式所付出的代价未免太高了。即便对战士而言，也是如此。细想一下，公元前 15 世纪的传奇战士，科里奥兰纳斯（Coriolanus），曾经背叛了驱逐他的家乡，却被莎士比亚刻画成禁欲主义战士的典范人物。他身体健壮、超然物外，奋战于沙场上的时间远比在家里陪妻儿的时间要长，是一名出类拔萃的军人。科里奥兰纳斯无所畏惧，有泪也不轻弹。然而，当他记起怎样哭泣时，整幕剧作达到了转折点。他承认，"要让我的眼睛流出怜悯的泪水绝不是一件小事"。正是科里奥兰纳斯的母亲伏伦妮娅（Volumnia）重新唤醒了他的灵魂，母亲的乞求让科里奥兰纳斯放弃了对罗马的围攻并重新带来和平。在哭泣中，科里奥兰纳斯找到了人性的光辉。

科里奥兰纳斯可能是一个孤独者，内心深处其实是一个小男孩儿，会因为母亲的眼泪而动容。但是对于大多数士兵来说，战争本身能够激起接近于儿时家庭关系的"同志之爱"（camaraderie）。在《伊利亚特》（Iliad）的核心篇章中，阿基里斯（Achilles）和普特洛克勒斯（Patroclus）之间的友谊象征着战友之间永恒的情谊。如果我们不能体会这种纯粹、强烈的情感纽带关系，我们就无法理解阿基里斯为了普特洛克勒斯而产生的近乎自我毁灭式的悲怆。此外，如果我们像大多数的读者一样，认为如此炽热激烈的情感只能和"性"有关，且只有在战友之间才能存在像阿基里斯为普特洛克勒斯而悲伤的这种情谊，那我们就错了。① 不管是否是性伴侣，阿基里斯因普特洛克勒斯而感到的哀痛是旁人无法企及的。《伊利亚特》与大多数古希腊文化作品一样，用无尽热情和共同历程讴歌了"友情

① 更多关于此问题的深入探讨，参见 Jonathan Shay, *Achilles in Vietnam*, New York：Simon & Schuster, 1994。

之爱"（Philia）——一种友谊的纽带，并认识到当死亡或离别撕断这层纽带关系时，其所产生的那种痛楚情感的高贵圣洁。

91

在现代战争中，士兵们会冒险互相掩护，而陆战队员们会冒着生命危险去抢救已经牺牲或奄奄一息的队友，正是这种战友之爱才减少了牺牲。现代战争中的战士没有时间来悲痛。在无法停歇的战斗任务中，即便航空母舰上的飞行员得知之前的突击部队将永远无法生还，几秒之后他们仍要坐在弹射器中发起进攻；退伍老兵们只能三三两两地坐着商用飞机回家（如越南战争时一样），而不能和当年的同伴一起集体回家（像我的父亲第二次世界大战后坐着改装的"玛丽皇后号"回家一样）。没有时间或空间流下充满同情怜悯的泪水，稍后会化为沉痛的哀伤让人们付出具有毁灭性的巨大心理代价。

乔纳森·谢伊（Jonathan Shay）在《越南的阿基里斯》（*Achilles in Vietnam*）一书中深入探讨了这些问题。作为越南战争退伍军人的一名精神科医师，他强调，如果想要帮助老兵摆脱战后创伤而避免成为行尸走肉般的"活死人"，就需要像《伊利亚特》中的古代世界那样，再次开展集体创伤辅导工作。许多病人都说，"我已经丧命于越南了"。与阿基里斯在面对普特洛克勒斯之死时的反应一样，因为失去一个最为亲密的伙伴，而认为自己已经死去或已麻木如死人一般，如同亚里士多德所说的"另一个自己"。①

当然，传统禁欲主义认为，超越于我们的努力与美德控制之外的失去就不是真正的损失。我们最好改变依附习惯，不再纵容那些可能造成损失的错误依赖行为。然而，即便不机械严格地恪守禁欲主义的教条，我们也能大有收获。我们所能学到的是——悲伤的时候，我们在世界中仍旧有一个家，这个家会将我们与同伴联系起来，这些同伴是在用友情和共鸣支持我们，让我们获得足够强大的内心力量，使我们能在跌倒后再一次站起来。禁欲主义的这种人性化的方面会使我们在不丧失人性的前提下变得更

---

① 亚里士多德的名言："朋友是另一个自己"。——译者注

坚韧强大。这使我想到了一位面若冰霜的海军上校，他曾经向我吐露，战争中最痛苦的经历不是独战沙场，而是离开他刚出生、仅一岁半的儿子。走下飞机那一刻，尤其是马上要开始单独执行任务时，他会觉得心如刀割。"我开始觉得恶心，并且一路都在呕吐，整个过程都异常难受"。

另一位同事告诉我开飞机其实很容易，能将爱好作为事业让他感到 92 兴奋满足，而痛苦则是要离开妻子和孩子，没有什么比这件事更令人难过了。虽然他们都是坚强的战士，也是禁欲主义勇士，却都是血肉之躯。他们会留下怜悯的眼泪，在离开爱人时会感到撕心裂肺般的痛楚。

在禁欲主义前后出现的其他思想，则从开始便展示了一种更为柔和且更具人性意味的哲学。因此，亚里士多德始终在他的伦理与政治作品中强调，友情依恋是美好生活中不可或缺的一部分，失去了一个挚爱的朋友就失去了幸福中至关重要的一部分。一个人自己的宽厚仁慈并不足以弥补这种损失，因此必然需要依靠他人的善良美德来实现。与此相似，犹太基督教传统也强调"爱"与"怜悯"的强大治愈力。在《出埃及记》（Exodus）中，"上帝"被描绘成令人畏惧的可怕模样，但也是在《圣经》中首次被描述为一个医治者的形象——在犹太人艰苦跋涉于荒野中的 40 个昼夜里，保护他们免染疾病，为他们提供维持生命的基本食粮。

禁欲主义者也许可以竭力绘满情感依恋的整块色板，然而，他们却深刻意识到了我们世界公民的身份，并着重强调世界公民所需要的"尊重"与"移情"对于军队教育的重大意义。塞内加在《论愤怒》（On Anger）中提到了他的对话者，诺瓦都斯（Novatus），他是一个公民，不仅仅是他自己国家的公民，而且是整个宇宙世界的公民。[①] 禁欲主义者强调我们每一个人都是世界公民，追随第欧根尼（Diogenes）的犬儒主义哲学（Cynic）理念，认为人类都是世界公民，就字面意思而言，即"宇宙

---

① Seneca, "On Anger," Ⅱ.31, In *Seneca: Moral and Political Essays*, John M. Cooper and J. F. Procop, eds., Cambridge: Cambridge University Press, 1995.

93　的，全世界的公民"①。我们每个人都是广阔联邦中的一部分，当我们将自己与团体中的其他同伴隔绝开来时，我们是在拿个体的完整性冒险。马可·奥勒留通过运用一个禁欲主义经常使用的关于有机生命体的隐喻，生动地证实了这一观点：

> 如果你曾见过一只手被切断，或一只脚、一个头，如果你看见离开了身体的其他部分躺在那儿，那么，那不满于发生的事的人就是这样就其所能地使自己变成这样……当他……使自己脱离他人，或作出反社会的事情来。假设你已使自己从这一自然的统一离开——因为你天生就被造成为它的一个部分，而现在却切断了与它的联系。②

　　因此，以禁欲主义的观点来看，当我们将自己与"全球性社区"脱离开来时，就如同肢解我们的身体，使之残缺不全。当海军军官学校的学生准备好冒着生命的危险，在本国之外的某个角落为多国盟军效力时，这种广泛的"世界公民"概念就开始与这些学生息息相关。许多学生就他们所认为的"关于忠诚问题"的矛盾观点进行了激烈争论——是忠诚于国家、国家元首还是同盟或同盟领袖。我想到了一名学生，他曾经问过我，他是否有义务要服从外国指挥官的命令，这些指挥官只是盟军的领导者。他坚持认为，自己的终极忠诚需要被付诸于美国宪法（Constitution of the United States），其次才是从最高统帅到美军司令的一系列指挥。在遵守美国宪法的宣誓仪式上，他并未明确发誓要为北大西洋公约组织（NATO）或其他国际同盟或契约组织服务。这名学生绝不是唯一持有怀疑态度的

---

① 　正如第欧根尼·拉尔修在《名哲言行录》中所提到的，Diogenes Laertius, *Lives of Eminent Philosophers*, R. D. Hicks, trans., Cambridge, Mass.：Harvard University Press, 1972。参见 Epictetus, *Discourses*, W. A. Oldfather, trans., Cambridge, Mass.：Harvard University Press, 1925。

② 　Marcus Aurelius, *Meditations*, A. S. L. Farquharson, trans., Oxford：Oxford University Press, 1989, 8. 34. （引文部分转引自马可·奥勒留：《沉思录》，何怀宏译，中央编译出版社 2008 年版，第 128 页。——译者注）

人，许多军校学生在刚上一年级时，对于"坚持宪法的宣誓其实是对更广泛的世界公民身份作出承诺"——这一问题的理解是十分模糊的。而对这些疑虑最为有力的反驳往往出自海军军官学校的一些长官，作为自身军事使命的一部分，这些长官都曾在波斯湾（Persian Gulf）或者波斯尼亚（Bosnia）等外国盟军组织服役。他们中的许多人都曾投身于为塑造更具有凝聚力的盟军而训练他国士兵的事业之中。大多数人都含蓄地理解了——对国家的热爱不会因为对更广泛群体的效忠而受到破坏。一个人可以对自己的国家忠贞不渝，但同时也可以服从归属于更广泛的国际盟军组织的外国指挥官的命令。马可·奥勒留指挥部队并写下回忆录就是为了警惕那种狭隘民族主义的爱国情怀。对于一个国家及其军队而言，脱离国家同盟而仅仅服务于自身利益的做法其实是一种自残行为，如同将自己的手足从整个身体上肢解下来。

禁欲主义者希罗克洛斯（Hierocles）在写于公元 1 世纪的作品中谈到"世界大同主义"①（cosmopolitanism）的观念——"我们中的每个人都会被许多圈子围绕着，这些圈子或大或小，第一个圈子包括父母、兄弟姐妹、妻子和孩子"，当我们的圈子向外扩张时，我们会穿越祖父母、邻居以及部落成员、本国公民等构成的圈子，而最终辐射至整个人类。他坚持认为，我们每个人都有责任以某种方式"共同勾画圈子并向中心聚拢"，像对待内部圈子成员一样尊重外部圈子的人。我们会通过"积极地将处于封闭圈子的人转移至被密集包围的圈子"来实现这种"聚拢"，由远及近，从而缩短彼此之间的距离②。

希罗克洛斯本人既没有确切地告诉我们该如何从心理上将外部圈子的

---

① 世界大同主义（cosmopolitanism），也称世界主义，是指国家之间和民族之间更具包容性的道德、经济和政治关系，认为每一个世界公民都不受歧视地自我决定其发展。该词来源于希腊文"cosmos"（世界）与"polis"（城市、人民、市民），被古代哲学家所采用，如斯多葛学派和犬儒学派，用之描述跨越国界的、对人类的博爱。——译者注

② 参见 A. A. Long and D. N. Sedley, *The Hellenistic Philosophers*, Vol. 1, Cambridge：Cambridge University Press，1987，p.349。

人与内部圈子的人同化为一体，以便使我们能认同他们所处的环境；也未曾深入探究过我们的职责使命或者军队的本质，以便使我们向外部圈子移动扩张时，通过对这些本质的理解来显示我们对他人的尊重。随后的一些受禁欲主义影响的哲学家又在心理学方面做了一些补充。我们可以从 18 世纪苏格兰启蒙作家亚当·斯密（Adam Smith）的作品中得到一些最好的启示。斯密认为，"同情心"（sympathy）是一种认知工具，是将自己认知为另一个人时的状态。在他生动形象的描述中，认知包括在"想象中交换位置"，需要主动地将自己的思维转换，在"模仿"或"角色扮演"中以另一个人的立场进行思考。他指出，设身处地地考虑他人的情况需要一种"投射能力"。

> 因为感官从来不会也不可能超越我们自身。这就是为什么我们作为旁观者时理性清明，而事到临头时，便犯那些不应该犯的错误。只要我们自己置身事外，即便我们至爱的亲人在忍受酷刑的折磨，我们的身体也无法感觉到他们的痛苦。只有在想象中把自己置身于他们的遭遇，我们才能对他们的感受略知一二。想象会告诉我们如同身临其境的感受，但即便这时，我们想象中的感官感觉也并不是他人的真实感觉，只是对他人的感觉作了设身处地的体验。我们在想象里，把自己置于他人的境遇之中，想象自己正经受着他人所有同样的痛苦，如同进入他体内一般，与他合二为一，从而在某种程度上假定体会了他的生命感受。我们接收了他人的痛苦，将其接纳，并转化为自己的感受时，我们终于被他的境遇触动，只要我们一想到他的感受，就十分痛苦。正如任何痛苦或穷困都会激起悲伤的情绪一样，当我们在头脑中为自己模拟出他人的遭遇时，都或多说少会带来一些与之相应的情绪，不管是快乐，还是痛苦。而情绪的强弱，则与我们对该遭遇的敏感程度相关。[1]

---

[1] Adam Smith, *The Theory of Moral Sentiments*, Indianapolis：Liberty Classics, 1976 [1759]，pp. 47-48.（引文部分转引自亚当·斯密：《道德情操论》，杨程程、廖玉珍译，商务印书馆 2011 年版，第 2—3 页。——译者注）

这个描述出色地预言了当代思维哲学家及认知心理学家所提及的"模拟"（simulation）过程，通过这个过程我们才能和他人保持一致，并在某种程度上"读出"他们的想法。但是如果我们想要真正做得好，不仅需要在时间上奋勇直前，也需要适时回首，以史为鉴。斯密就是西塞罗的一个狂热粉丝（大多数启蒙时期的哲学家都是如此）。如果我们能理解西塞罗在《论责任》中提出的关于我们所扮演的不同角色的理念，那么"使自己处于他人的立场"的这种观念也就愈加明朗[①]。要想了解另一个人的想法，我们就需要通过想象将自己重新定位为他人。正如西塞罗所言，理性人类是我们的共同角色，但我们所要扮演的角色却各有差异。为了与他人产生共鸣并理解他人的思想观点，我们必须设想在不同的状况和环境下、在不同的生命选择下、具有不同性情及禀赋的个体的生活会变得如何。我们并不只是在"改变"环境，也要在这种环境下改变自己。因此，我们不仅要站在他人的立场，也要真正设身处地进行换位思考。有时，我们的换位思考是在无意识状态下进行的，但是其他时间，正如希罗克洛斯所说，我们一定要积极地实现这种转变。

我们不会将当代士兵视为这种"世界主义者"，但这是古代禁欲主义教育的核心部分，也是当代战士在日益面对国际联盟需求以及在海外长期履行维和使命时所必须接纳的信条。当世界公民的需求逐渐成为一种现实时，这将是我们每个人都需要铭记的观念。

健康的体魄与健全的心智

军队中的禁欲主义复兴了另一古老的希腊教育主题——强健的体魄

---

① M. T. Griffin and E. M. Atkins, eds., *On Duties*, Cambridge University Press, 1991, pp.96ff. 更多注解评述，参见 Christopher Gill, "Personhood and Personality: The Four-Personae Theory in Cicero, De Officiis I," In *Oxford Studies in Ancient Philosophy*, Vol. Ⅵ, Oxford: Oxford University Press, 1988。

和心智一定要同时培养。即使腿上锁着镣铐，带着伤腿孤独地待在监狱里，詹姆斯·斯托克代尔仍然每天早上强迫自己做一百个仰卧起坐。面对残酷的折磨与无情的权利剥夺，控制自己的身体即是维持生命、保持理智的方法。他因禁欲主义的信条而生存并呼吸，并领悟努力、忍耐以及内在美德才是"人之善良"的主要组成部分。即使身披枷锁，这种自我忍耐也能使其控制自己的身体。

对于沉迷消费、贪图享乐、渴望新奇、讨厌肥胖的大众来说，军队里受忍耐力与纪律约束的简单节制生活奠定了引人注目的基调。无论是18岁还是50岁，军队长官都将身体锻炼作为日常生活的一部分，而这些都在铿锵有力的握手、每天反复的常规训练、体育锻炼考核及军队体重称量的记录中得以体现。我所有的学生都会在每天课程结束后参加体育运动，且大多数还有额外的训练项目。和我一起工作过的军官直到60岁时还一直严格坚持训练，以此来锻炼体魄。海军上将埃德尼（Edney）是一名退役的飞行员，后来成为北大西洋区域总指挥官，却在退休后和妻子一起成为劲头十足的纺织工人，并一直坚持将骑自行车和滑冰作为主要家庭活动。行政人员拉尔森（Larson）是我在海军军官学校任职时所结识的一名四星级警长，他的家里有一张从早上6点前开始锻炼的日程表。而另外一些曾经被分配在甲板上从事单调工作的潜艇兵一直有这样的愿望：只要能在户外奔跑，就算狂风暴雨也心甘情愿。

对于军队而言，强健的体魄是完成任务的关键。军队训练战士具备在战场上坚持战斗的勇气，以及挑战人类极限的毅力。海军新兵训练营就集中体现了这一目标。为期11周的道德与体能训练，最后是以一项名为"熔炉"的训练内容的完成为告终——需要忍受两日的缺少睡眠、食物短缺，接踵而至的是在恶劣环境条件下进行超越障碍训练。集体生存才算生存，目标就是让归来的团队成为一个真正团结的队伍，即使结果可能是瘫倒在战友肩背上的回归。

如果没有强健的体魄作为关键任务，没有荆棘需要穿越，没有日常30英里的远足要坚持，没有弹药、受伤战友以及尸体需要运输至安全地带，那么作为平民百姓，我们应该如何看待身体健康的问题？在大多数白领工作者看来，健康的身体并不是职责内容中的一部分，而强健有力的四肢也并不是随处可见。诚然，衣着打扮对我们工作的成败有着微妙的影响，但像军队一样时刻对制服着装、军容仪表进行严格的要求，则是其他行业永远无法企及的。

但是上述说法却忽略了一个关键点，公民健康也是非常重要的，因为任何一种健康生活都需要健康的体魄。目前，人们对于儿童和成年人肥胖率显著增长的担心绝不是杞人忧天。我们需要维持体重使身体器官不至于超负荷工作，需要一颗强大的心脏以吸取足够的氧气，需要充分释放带给我们生命力和活力的内啡呐、血清素和其他激素，需要足够坚实的骨头 98 来承担我们的体重等。

古希腊和古罗马思想又一次成为了思想导向的重要来源。禁欲主义之前的伟大希腊哲学家柏拉图和亚里士多德认为，美德是一种推己及人、平等相待，而对自己的关爱也包括对自己身体的爱护。对于亚里士多德来说，禁欲是一种内在的自我控制，使我们不会再有过多的肉体欲望，也能够因为摆脱内心矛盾而自我节制。简言之，我们控制放纵及其所产生的冲动，以避免其所产生的诱惑。在这一控制过程中，第一个发展阶段即是节制（egkrateia），自我控制或是节欲。我们控制了嗜好，但必须同时主动抗争并克制忍耐。如果我们背离了任何一种形式的控制，就是失控的（akratic），确切说是不受控制或意志薄弱的。当我们知道什么是最好的，但是行动却违背了认识时，喜好就作出了最好的判断。有时，亚里士多德（在他之前，是苏格拉底）认为，意志的薄弱是一种无知。① 但是我们却尽力将它看作一种有动因的无视，我们无知只是因为我们不希望被提醒我们所知的是最好的这个事实。

《理想国》（*The Republic*）中，柏拉图的对话认为，包括体育和音乐

---

① 参见亚里士多德在《尼各马可伦理学》（*Nicomachean Ethics*）中的论述，*Nicomachean Ethics*，Davis Ross，trans.，Oxford：Oxford University Press，1998，p. 3。

的早期教育对西方文化有着深远的影响。但是柏拉图坚持认为，在最好的教育中，"锻炼和疲惫的体育课"不仅仅是"锻炼肌肉的方法"。① 像音乐一样，健身是塑造心灵的一种方式，是一种能够促进心智训练、培养精神意志、在思维中和肌肉记忆中储存一般习惯和控制程序的方法。柏拉图坚持认为，如果其意义仅仅是让身体变得更硬朗或更敏捷，那么体育课就完全被浪费了。我曾经在大学运动教练那里听到过相似的评论，他们鼓励年轻人要热爱体育运动，其目的不是简单地成为一名运动员，而是需要成为将严明的纪律和自我控制内化的个体。正如西塞罗所言，灵魂的力量就像"身体的力量、精力和效能"。②

在当代的军队世界里，士兵的节制克己与身体健康状况的监测依靠外部评价来进行，这些监测者每天测试并记录，且拥有让不合格的船员及海军出局的权利。这些监督通常会很苛刻，且有时会忽视个体及性别的差异。女性天生就比男性的脂肪要多，在测量身体脂肪含量时自然要面对更多艰难的挑战。在我离开海军军官学校不久后，一个曾被评为模范学生、且因发表了一篇关于道德伦理方面的文章而享有极高声望的女兵，却因为身体脂肪含量超标而被学校开除。尽管男性和女性的统计标准有所不同，但在男权文化中，尤其是在一个极其珍视一致性和凝聚力的男权文化中，可能存在的危险是把女人硬生生地塞进男人的模子中。多年以来，军队一直在努力探寻针对不同身高和力量的女性来设定何种不同的身体健康要求。如今对女性所设定的标准反映了合理的性别差异，但是仍然存在一些男性不满于女性能够轻易从传统男女一致的评价标准中解脱。但是我在海军军官学校的一个同事却说，回应这些抱怨其实很简单，如果质问那些反对女性标准的男性是否愿意按照女性标准来规定自己可接受的体重限度，通常得到的回答只有沉默。

在民主社会中，身体素质与健康问题已经超越了个人美德的范畴。

① Plato, *Republic*, G. Grube, trans., Indianapolis: Hackett, 1974, Book Ⅲ.

② J. E. King, trans., *Tusculan Disputations*, Cambridge, Mass.: Harvard University Press, 1927, p. Ⅳ. 13. 30.

近些年来，医生一直在记录人们的体重和身高，并愈加重视与病人探讨吸烟、饮食、锻炼以及饮酒的问题。但是医生所能发挥的影响作用仅仅停留在建议层面，并没有上升为一种要求。大体上，细致入微地关爱自己身体 100 健康的责任落在了每个个体的肩上。正如法律范围之外的道德问题是个体自己的责任，并且本来就该如此。然而，当近乎二分之一的美国人面临体重超标的问题，"节制"似乎已经成为了一种选择性的个体美德。"自我放纵是人的一种处境"，塞内加写道："在一些享受玩乐方面，野生动物比人类更加放纵。"① 与大多数美德一样，"节制禁欲"纠正了人们长期以来的一种固定状态——在此情况下，一方面是欲望过度的倾向，另一方面则是对身体的忽视。需要补充的是，"节欲"也改变了过度控制的状态。

如果禁欲主义确实能带来一些鼓舞和启示，那么值得颂扬的经验告诫我们并不需要过度的人为控制，而是适度控制。无论在身体、道德还是情感范畴，禁欲主义者都在不时地提醒我们，在哪些方面我们比自己最初所设想的更具控制力，且我们是以何种方式来实现掌控的。然而，没有任何一种貌似有理的禁欲主义能够促使我们拥有无限的控制力，我们甚至无法完全掌握我们自己的德行。

文明的礼节，崇高的道德

健全的品格、强壮的身体是军事要求的一部分，文明礼貌同样如此。对于相信礼节塑造道德的人来说，军队恰好体现了这种理念。在海军军官学校，每天午饭时间都会有人排成一行来参观身着制服、腰板笔直、统一齐整的士兵队列。军官和学员们都会以"先生"或"女士"的称呼、坚定凝视的双眼及有力的握手来向民众打招呼。他们是乐于助人、彬彬有礼、

---

① J. M. Cooper and J. F. Procop, eds., "On Anger," In *Moral and Political Essay*, Cambridge：Cambridge University Press, 1995, p. I. 3.

谦恭文明的。作为一名伦理学家，我的困惑是"这种表面行为能够深入到什么层面？"举止能引导道德吗？礼貌能促进伦理吗？受到公共生活中礼仪退化影响的平民世界是否更应该注意礼节礼仪在军事文化中所扮演的角色呢？端正的行为是优良品格的一部分吗？人们很容易对这些问题产生怀疑，行为准则具有高度的地域性。在某一群体里被认为是令人愉悦的尊敬行为的标志，但在另一个群体中却可能被认为是做作或令人厌恶的。跨文化之间的行为准则各有差异，那么具有这种文化特殊性的行为如何才能抓住道德的核心呢？此外，许多军队中的行为举止都是盲目训练、机械服从的结果，仅仅出于对高层长官的敬畏。那么，将惩罚作为一种激励方式，是否能够真正促进个体内在美德的发展？

以上这些合理的顾虑很难被轻易打消，这些担忧其实代表着包括我在内的大多数公民对于军队环境的批评。然而，现在我开始确信军队在认为举止礼貌至关重要这一点上非常正确。与帮助、援救、勇气及慷慨等道德行为一样，道德礼节其实是我们在日常生活中向别人表示关切及尊敬的方式。凝视别人的眼睛而非怒瞪双眼使人不敢对视，善于倾听而非打断，时刻留意是否会冒犯、侮辱他人以及使人难堪等，在许多文化中都是接纳他人且值得尊重的简单方式。确实，某些行为举止在不同地域情况下会有不同的含义，但我们却不能因为礼仪规范存在文化差异，甚至有些准则存在道德争议而否认良好的礼节规范与道德之间的联系。①

在这个方面，禁欲主义教育具有启发性意义。塞内加曾就如何给予及接受帮助这一主题写过一部长卷论著。乍看这一主题时，我们可能会认为这是一部适合女性读者群、关注女性礼仪举止问题的著作。然而，当我们读到关于"论善意"的部分时，会发现塞内加向我们展示了"善"这一问题对于道德和人类友谊至关重要。即便是决意清廉潦倒、自力更生的禁欲主义者，也有义务欣然给予并接受馈赠及帮助。"当我们决定要接受（一

---

① 更多深入探讨，参见 Sarah Buss, "Appearing Respectful: The Moral Significance of Etiquette," In *Philosophy and Public Affairs*，1999。

份礼物）时，我们应该开心地接受。我们应该畅快地表达我们的快乐，并让捐助者明显感知。同时，我们一定要充分表达我们的情感，不仅在他们面前，而是四处宣扬，让施恩者领会我们的感激之情。"① 这些态度是体现我们如何关爱他人以及在受到关怀时表达感激的一部分。同样，在《论责任》（*On Duties*）中，西塞罗用大量笔墨详细描述了我们的"站、行、坐、倚以及我们的面容、眼神和肢体动作"是如何将品格特点外化的。② 另外，禁欲主义者强调美德需要一种行动上的进步发展，使行为的发生由符合外部正确行为规范的要求，发展为源于内在美德的驱动。某一个体单纯的善行，对另一个体来说，也是一种具有道德价值的行为，因为其具有激励作用。

即使我们承认良好的礼节对于高尚的道德具有促进作用，但我们仍然对军队是否是一个正确的参照模型持质疑态度。在电影《霹雳上校》（The Great Santini）中，罗伯特·杜瓦尔（Robert Duvall）扮演一名指挥官，但他痛苦地发现，只有冒着失去妻子和孩子的危险，他才能成为陆军上校。他孤注一掷，因为他明白这是得到尊重的唯一方法。（相似地，一个军校学生在感恩节假期回来后告诉我，他对于在家应该如何称呼父母感到很困惑，应该像称呼长官一样称呼父母为"先生"或"女士"？还是像往常在家一样叫"爸爸"和"妈妈"？可见，他的思想已经对表达尊重的恰当形式产生了疑惑。）

桑蒂尼（Santini）所提出的关于"尊重"的概念是基于对层级和等级制度的认识，他认为在军队里军人是在向制服而并非是在向人致敬，实际上是向指挥系统中更高等级的"制服"在敬礼。（这种现象在海军军官学校很常见，经常会看见在练习场上，每当有军官经过时，学生都会用已经机械化、麻木的手臂向他们致敬。）军校之外，尊重是一种更加民主的概

① J. M. Cooper and J. F. Procop, eds., "On Favours," In *Seneca Moral and Political Essays*, Cambridge：Cambridge University Press, 1995, p. II. 22.

② M. T. Griffin and E. M. Atkins, eds., using by Cicero, *On Duties*, Cambridge：Cambridge University Press, 1991, p. I. 128.

念，父母和年长者应该得到特殊的尊重，但是作为普通人，也应该得到最基本的尊重。另外，平常人之间的尊重通常是通过关心他人的感受来表达，而不是使人感到羞愧、受到侮辱或遭到轻视，因为这样的态度是在侵犯人的尊严。这其实也是塞内加的长篇巨著中的一个潜在主题——"论善意"，很少有指挥官会如此担心"伤感情绪"与"压抑自我"之间的细微差别，大多数指挥官都认为，若要实现强大的团体凝聚力并圆满完成任务，自我消解是必不可少的。最终，还有一个对军队至关重要的关于仪表的棘手问题——"尊重整饰"（Appearing Respectful），然而，为什么要强调"虚假"和"伪装"的行为呢？为什么要奖励那些可能仅仅是"伪善者"或"伪君子"的人呢？此外，挺直的脊背和无可挑剔的规整发型是否真的能够反映出一个人心灵的善良？我曾经在海军军官学校的女兵洗手间里，看见一些女兵用发卡把每一根发丝固定，并用喷雾定型，不让任何一缕头发超过肩膀这一规定的长度。非常明显，这些女兵十分在意作为一名军人整洁得体的形象。

不同于取悦他人的渴望，对礼仪礼貌如此在意的潜在原因是什么？西塞罗和塞内加均认为重视礼仪可能是出于一种取悦他人并顾及他人意见的愿望。[①] 他们并未明显地为自己的立场做辩护，但却暗示出对他人意见的重视程度与对他人的尊重密不可分。迁就他人，不冒犯、不蔑视也不怠慢其实是尊重他人的一部分。我们不应该只为了不冒犯他人而委屈顺从，甚至违背自己关于道德正义的看法。在不发生矛盾的情况下，给予他人出于情感及态度举止层面的关心，似乎是道德尊重的一部分，从这方面来看，礼貌礼节很重要。

18世纪德国启蒙运动时期哲学家伊曼纽尔·康德，曾因受到朴素禁欲主义启发而提出了"责任"哲学而备受争议，他极力辩称，责任并不仅仅是内在美德，还关乎礼仪与感情：

---

① 参见 Seneca, "On Favours," In *Moral and Political Essays*, Cambridge：Cambridge University Press, 1995, pp. II.1-2, II.13；*On Duties*, Cambridge：Cambridge University Press, 1991, pp. I.93-124。

　　无论这些关于高尚人性的原则看上去多么无关紧要，尤其是在与纯粹的道德法则相比较时显得多么不足一提。然而，任何有助于提升社交性的事物，即使它只包含着取悦他人的真理名言或礼貌规范，也是一件能使美德增色的华丽外衣。在严肃正式的场合下，人们更应该为美德披上这件锦衣华服。①

控制愤怒情绪

　　人们常说愤怒是勇气的要害部分，愤怒能鼓舞我们战斗，我们若想成为真正的勇士就必须保持愤怒之火熊熊燃烧。西塞罗详述了这个观点，无论在战场内外，"如果不是处于愤怒的边缘"，"没有任何一种严厉的命令"能够让我们重振士气。愤怒是"勇敢的磨石"。②然而，西塞罗和塞内加都否认了这个观点。事实上，禁欲主义一直在极力证明，愤怒是有百害而无一利的致命情绪。塞内加在其著名作品《论愤怒》中说道，"与愤怒相比，没有任何一种折磨能让人们付出更多的代价"，一个真正的禁欲主义勇士绝不会依赖愤怒来战斗。

　　以禁欲主义的观点来看，关于愤怒的部分问题在于这种情绪不会轻易地被控制住，恼怒的开关一旦被开启就不易被关闭。禁欲主义者认为，愤怒是一种逃走的激情，已经远远超越了理性的控制。塞内加说，这是"所有情绪中最偏激也最放纵的一种"。③愤怒使身体和思维反常，实际上也损毁了人们的颜面。塞内加对于愤怒人物的刻画栩栩如生，那些暴怒

①　*Anthropology from a Pragmatic Point of View*，Mary J. Gregor，trans.，The Hague：Nijoff，1974，p. 282.

②　参见 J. E. King，trans.，*Tusculan Disputations*，Cambridge，Mass.：Harvard University Press，1927，p. IV. 19. 21。

③　参见 J. M. Cooper and J. F. Procop，eds.，"On Anger," In *Moral and Political Essay*，Cambridge：Cambridge University Press，1995，p. III. 16。

的人：

> 喷着火的眼睛烁烁发光，满脸通红，仿佛血液从心脏里喷涌而
> 出，嘴唇颤抖，牙关紧闭，头发根根竖立，喘着粗气并发出嘶嘶的响
> 声，四肢因痛苦扭动而发出骨骼爆裂的声音，无助呻吟且大声嘶喊
> 着……令人恐惧的面颊涨满自暴自弃的情绪——你不知道到底应该
> 用可恨还是丑陋来描述这种状态。①

塞内加坚持认为，我们可以通过一种大胆直接的方式来控制这种可怕的暴怒情绪，并且帮助我们摆脱愤怒所带来的破坏性的影响：即挣脱开我们对于荣誉、名声、成功和财富的依赖，因为当这些因素受到威胁时，我们会感到愤怒。塞内加教导我们，根据古老的禁欲主义教条，这些不是我们真正期待的事物。确实，禁欲主义者也承认，这些是我们想要的，而且是更希望得到而非不喜欢的东西，然而它们却是即便拥有也不会给我们带来任何实质性幸福快乐的事物。在禁欲主义者看来（追随苏格拉底的教诲），这些绝不是构成我们幸福的真正部分，而幸福快乐也只是内在美德的一种功能。幸福的达成其实是美德的充盈，而不是财富、运气或者他人眼中的成功。

想要完全领悟禁欲主义的全部观点并不容易。我们确实在意他人对自己的看法，并且总是认为我们在社会中的名声至关重要。如果我们漠视他人的赞扬与责备、抱怨与轻视，将会成为另类生物，严重缺乏社会性与公共性，也很难实现禁欲主义所提倡的社区目标与同伴关系。如果没有父母的夸奖和责备，孩子就无法被抚养成人。然而，禁欲主义者却认为陷入愤怒这类情感，会获得一些错误的价值观；并且他们发现一些更基本、更具本质意义的规律，即情绪本身就是评价与评估手段，是判断世界的不同

---

① 参见 J. M. Cooper and J. F. Procop, eds., "On Anger," In *Moral and Political Essay*, Cambridge：Cambridge University Press, 1995, pp. III.1.2。

方式。亚里士多德认为情绪包含了对世界的认识与解释，在他看来，这些认识与理解并非完全错误或对人造成误导①。相反，这是准确明智地了解这个世界的必要部分——这种观点被当下许多认知心理学家引用。这种观点认为，情绪包含了对环境的认知评价，从而导致觉醒及意愿性回应。所以"伤感"是对"我受到伤害"的一种评价，"爱意"则是表达"他是如此迷人"的一种情感，而"遗憾"则是因为"遭受不公平待遇"而产生的一种反应。尽管禁欲主义者一直认为，情感只不过是信念而已，因此，我们完全可以通过改变信仰来彻底改变我们的情绪，并且是彻头彻尾地改变。我们可能会认为，禁欲主义者是将全面的认知治疗作为改变情绪方法的先行者，在他们的支持下，认知治疗所采取的特殊形式其实是哲学辩证法。西塞罗指出，如果你想转变你的灵魂，"就请划起辩证法的船桨吧"。②

106

我们很少会和禁欲主义者持一致看法，认为情绪仅仅是一种信念并且是可以改变的信念。我们也不会赞同禁欲主义的主张——认为这些情绪所涉及的信仰突出体现了错误的价值观。相反，我们大多数人会和亚里士多德以及当代认知心理学家一样，认为尽管有时这些情绪会被夸张或放大，其仍然可以帮助我们形成对于这个世界正确的认知。我们也更趋向于认为，情感与情感表达的生理冲动相互交织所形成的欲望，使得身体和心灵相一致，很难因为纯粹的个人意愿而消失。几乎没有人能够全心全意地接纳禁欲主义的主张，这种主张告诫我们除了灵魂中最纯净的善良，其他一切美好的事物对于我们来说都无足轻重，因此我们在追寻一种有意义的生活时，可以完全超然其外。尽管禁欲主义者的一些观点稍显残酷，但是其所倡导的某些观点我们还是非常赞同的，即在某种程度上，情绪体现了对于世界的思考方式和评价方法。情绪能够评判世界，当我们微妙地改变思考方式时（举例来说，不再认为一些事是过错、损失、伤害或者吸引），

① 例如，参见《修辞学II》（*Rhetoric II*）中对"情绪"的描述、解释。

② Cicero, *Tusculan Disputations*, J. E. King, trans., Cambridge, Mass.: Harvard University Press, 1945.

我们也随之改变了我们的情绪状态。我们大多数人可能怀疑认知的改变是否能充分带来情绪的变化。

107　　我们现在需要回归最原始的禁欲主义，即愤怒是一种需要彻底根除的情绪。那么一个消除了所有愤怒情绪的禁欲主义者能够被训练成一个杀手么？禁欲主义教育的这个特点对于军队士兵有意义么？我认为，更困难的概念性问题不是思考一个战士缺少愤怒情绪的可能性，而是一个有道德的人缺少愤怒情绪的可能性。事实上，防卫原则、遵守交战规定、正义战争限制条件以及战争中正义行为的规定都在《陆战法规》（Law of Land warfare）、《日内瓦公约》（Geneva Convention）等文件中有所体现，想要成为一名士兵，就需要对战争需求作出一种原则性的回应。将暴怒与愤恨化为行动，将对敌人的愤怒有计划地转化为使敌人丧失人性的方式。一名指挥官为了使士兵燃起血腥的复仇渴望而对其进行煽动，通过使一名飞行员漠视禁飞区而变得好战，这些都是冒着风险在破坏战争的道德框架。如果不激发攻击性与竞争意识，就没有人会奋起战斗，促使士兵充分了解这些情绪就是这些军事长官的训练任务。然而，塞内加所谓的隐藏于愤怒与狂躁之下的判断并不能促进生理应激反应的发生。

　　即使我们能够联想到一位因为理性原则而非愤怒情绪战斗的勇士，我们是否能同样联想到一名放下愤怒、义愤及愤慨而具有高尚道德的人？想想已经退休的一级准尉休·汤普森（Hugh Thompson），有人称他为"美莱村英雄"。[①]1968 年 3 月 16 日，他驾驶勘查直升机巡查时，发现几个伤员躺在地上，且堤坝旁一群美国士兵正靠近一名 20 岁左右、受了伤且失去胳膊的女子。接着，一名军官刺伤了这名女子的脚以后，将其杀害。几分钟以后，汤普森发现灌溉水渠里躺着几十个人，身体的挣扎蠕
108　动证明有人还活着。这时水渠旁的美国步兵正脱下钢盔，点起烟，准备休息片刻。又过了几分钟，汤普森看到一名中士开枪射向水渠，从而他

---

① 我的论述，引自 Michael Hilton and Kevin Sim, *Four Hours in My Lai*, New York：Penguin, 1992。

最大的担忧成为了现实。汤普森同一旁的机枪手拉里·科尔伯恩（Larry Colburn）以及机工长格林·安德烈奥塔（Glenn Andreotta）一起将直升机着陆，并告诉科尔伯恩如果有人在他制止时开火，就直接"射击"——"向他们开火，把他们赶走"。

在长达 30 年的沉寂之后，休·汤普森因为美莱村的英勇事迹获得了军队授予的一枚迟到的、但无上荣耀的士兵勋章。不久之后，汤普森在去安纳波利斯（Annapolis）进行公共演讲时，与我交流了一下。我问他，在目睹美莱村大屠杀的瞬间，他作何感想。在谨慎斟酌之后，他说他记得他所目睹的场面就像犹太人大屠杀中纳粹的行为一样残忍。那一刻，他认为美国士兵不会那么做，他们绝不想要美莱村遭受灭顶之灾。演讲当天，他同海军军官学校的学生分享了相同的看法，当他回顾美国步兵挥舞着枪炮向那些无辜的人靠近的画面时，我们依旧能从他的面部表情和声音中感受到愤怒以及难以置信的情感。他自己没有用"道德义愤"这个词，但是一切都很明朗，他对于当天所目睹惨状的判断构成了道德愤怒的情绪。30 年之后，在回到美莱村参加一个纪念活动时，他碰到了一名在那场杀戮中幸存的女人。他记得那时她还是个年轻的母亲，而 30 年后已成为了一个年老虚弱的妇人。她猛烈地摇晃着汤普森的袖子哀嚎着，"为什么那些美国士兵要杀害我的亲人们？为什么？为什么他们和你不一样？"汤普森泪如雨下，说道，"我不知道。我真的不知道。我所接受的教育并没有教我们要那么残忍"。[①]

如果我们认同塞内加的观点，我们是否会支持这样一种教育——这种教育本会驱使汤普森以无情的冷酷、以禁欲主义的淡漠旁观美莱村杀戮，并且既没有愤怒也没有悲痛？我们是否会发现汤普森美德与人性的本质内核？关于这个观点，塞内加自己也前后矛盾。在他的文章中，愤怒是个明显的敌人，但是他却以如下劝勉训词作为其论述的结束，"只要我们

109

---

① 我印象中该对话内容的大意，出现在美国哥伦比亚广播公司的《60 分钟》（60 Minutes）节目中。

还呼吸着，只要我们还在人类中生存，我们就需要培养人性"。① 事实上，致力于人性及人类同伴关系培养的禁欲主义不可能消除所有的人类愤怒。虽然愤怒的爆发是疯狂的、盲目的，也可能是失去人性的，但在正确的时间以正确的方式表达愤怒才是人性的典型标志。亚里士多德比禁欲主义者更正确地理解了这一点：愤怒在道德上可能是有意义的，也是值得颂扬的。如果禁欲主义者能够在亚里士多德观点的基础上加以修正，就能告诫我们，情绪经常超越思想，成为关乎责任的事情。禁欲主义坚持认为，情绪是意志层面的状态。当我们遭遇某种情感时，我们不仅仅是"被影响"，而且是如禁欲主义所言，我们服从或者赞成隐含在这些情感中的某种特定评价。② 即使我们不愿承认情感是自发的，也不可否认，随着时间的流逝，对于如何进行情感上的回应，我们已经有了相当可观的支配权，已经掌握了应该如何发展我们的人性，包括控制我们的愤怒。

结　论

我要强调，禁欲主义不仅给军队，也给普通公民上了非常重要的一课。禁欲主义在品格教育方面提供了重要指导，强调纪律与自控，让我们意识到我们对他人的依赖不仅存在于小规模的社区层面，更存在于整个全球性社区层面。我们也亲眼目睹了禁欲主义关于自给自足与自我管理方面的经验教训，而这正是矫正当代社会中过度沉迷于物质消费以及改变危害社会的不良嗜好的重要解决方案。重点不是要将被剥削和受奴役的生活理

① M. Cooper and J. F. Procop, eds., "On Anger," In *Moral and Political Essay*, Cambridge：Cambridge University Press, 1995, p.Ⅲ. 43, 关于《论愤怒》的更多深入探讨，参见 Martha Nussbaum, *The Therapy of Desire*, Princeton University Press, 1994, chapter 10 and 11。

② 关于情感经验的自发性与非自发性的更多细致描述，参见 M. Cooper and J. F. Procop, eds., "On Anger," In *Moral and Political Essay*, Cambridge：Cambridge University Press, 1995, pp.Ⅱ, 1-4。

想化（正像爱比克泰德那样的禁欲主义者有时所为），而是要培养内在力量和美德，以便在面对强烈诱惑和巨大损失时拥有控制自己的能力。禁欲主义的智慧在于让我们明白自己能够超乎想象地控制生活中更多的方面。我们能够锻炼自己的体能力量，我们的情感能够影响我们，但我们也要调节控制自己的情绪，学习能够表达我们关爱的思维习惯和行为方式。

禁欲主义者指出，正常情绪是我们愿意公开接纳、有意允许的评价形式。禁欲主义者认为我们能够控制自己所认同或支持的评价，即能够控制像"愤怒"这样的情绪。我们可以看到，这种观点既有吸引力同时又让人感到威胁。我们明白，非正统的禁欲主义允许我们修正关于烦恼、侮辱、冒犯等情绪的鲁莽评价，而这些修正后的评价能够帮助我们改变自己的感受，在某些情况下，甚至能帮我们摆脱非理性愤怒情绪的困扰。然而，禁欲主义者却坚持认为愤怒是一种情绪的"毒瘤"，真正心怀美德的人能够完全摆脱这种毒害，但是我们却极力反对这种极端的想法。我们认为，愤怒也存在另一面，如道德愤慨、义愤及不公平感。人生的很多时刻，愤怒其实恰好是最正确的回应方式，但我们很有可能在回应中迷失，其他情绪如悲痛、同情和热爱也是一样。也许，禁欲主义是在教导我们，即便在放手之后，我们仍然要保持恢复掌控能力的方式，应变能力与自我管理能使我们在强风激浪中仍然保持镇定。

禁欲主义者坚持认为，作为世界公民，我们具有世界主义身份，我们绝不是孤立的个体或民族。军队教育与公民教育不仅应该重视对国家的忠诚，也应注重对超越国界之外的价值观的尊重。指挥系统在紧急情况下，需要提醒士兵他们所拥有的广泛的公民身份：到底应该服从谁的命令？对许多人来说，尊重、服从、援助是一种发散性问题，但是年轻的公民，不亚于初级军官，也需要清楚道德责任与广泛的忠诚应该跨越国界。 111
更直接地说，不仅经济是全球性的，我们的道德社会也应该是国际化的。

为了探究禁欲主义，我将军队作为研究案例，也一直依靠军队本身的优势来这样进行着。许多和我一起工作的海军指挥官都明确或含蓄地表示他们一直将禁欲主义视为一种指引。我认为，丰富的禁欲主义内涵会让我们收获良多。然而，我也强烈敦促，在面对更多的传统禁欲主义原则时，我们需要有一种批判性的态度。作为一名道德教育工作者，我的使命是促成一种更具人性化的禁欲主义的形成。正如莎士比亚笔下的传奇禁欲主义战士科里奥兰纳斯所意识到的那样，"要让我的眼睛流出怜悯的泪水绝不是一件小事"。

第六章　品格教育的社群主义视角

阿米塔伊·埃蒂斯尼（Amitai Etzioni）

　　美国目前的道德结构和社会架构正在弱化，我们往往过于强调对权利的需求而忽略对责任的担当，追求权益但同时回避义务。更广泛地来看，在过去的几十年中，不断增长的反社会行为表明，我们已经失去了社会所共同拥有的价值承诺，却又未能及时更新价值观念以填补那些缺失的空白。

　　我们不应该将暴力、吸毒、非婚生育、滥交、以恶劣态度对待不同背景的人、酗酒、糟糕的学习成绩以及其他社会弊病视为孤立现象。这些现象反映了一些社会因素的缺陷，其中最为关键的是品格的缺陷——无力抵制诱惑，也无法坚持符合社会道德标准的价值观。社群主义者坚持认为，价值观并不是只依靠自己的翅膀任意飞翔。为了稳固道德基础，我们 必须重视承载价值观的社会机构，包括家庭、学校、社区（涵盖志愿组织及宗教场所）及整个社会（作为一个"社区群"）。

　　这里我将重点关注一个机构——学校。粗略统计，88%的学生就读于公立学校，而他们正是本研究关注的对象。人们认为，即便家庭出色地完成了自己的社会使命——让孩子初步了解了价值观，并为他们奠定了一定的品格基础，学校仍然需要努力使这项任务圆满完成。考虑到目前家长所面临的压力与挑战，他们很难完全胜任自己的角色，因而更多的责任指向了学校。因此，学校的基本职责之一即是促进学生良好品格的发展。

　　努力将这项使命置于教育核心的教育者应该已经注意到，多年以来，美国教育始终致力于将更多的资源、精力、时间投入到学生的学业教授中。新引入的考试模式、学习科目、促进学前儿童阅读等共同导致了公立学校中对品格教育的忽略。

品格教育的原则：概览

关注热点：

第一，价值观教育是公共教育的重要部分，因而需要在学校中大力推进，并不存在驱除价值或价值中立的教育。学校有必要对家庭道德教育进行补充，尤其是对不完整的家庭教育进行完善。

第二，品格建构是支撑价值观的基础。如果缺乏品格教育，即便单纯知晓什么是正确的，也不能确保我们会做正确的事，并将这些价值观整合运用于我们的生活中。对于发展品格来说，最为关键的两种能力是自律与移情。自律对于品格发展的必要性在于，如果缺乏自我约束，个体将无法控制自己的冲动及意愿，终将成为粗野、不道德的无用之人。在一定程度上，外部控制也是必要的，但如果超过这个限度，将会弱化个体自律能力的培养。而移情，这种将心比心的能力也是必要的，它是许多价值观的基础，如果缺乏移情能力，那些能够自律的个体可能会为邪恶目的而奋斗。

第三，品格教育应该让学生沉浸在全面的学校体验中，既有人文课程，也有学术课程。而这不应该局限于公民类的课程之中，也不仅仅是课程内容的问题。体育活动的开展形式、成绩的分配比例、教师的行为举止、走廊与停车场的监管方式等均传递着道德信息，并对品格发展发挥重要影响。

基于上述观察，我们可以进一步提出如下观点：

课外活动，尤其是体育运动，不应该被视为附加活动，而是教育中不可或缺的一个部分。我们一定要努力促使这些活动与品格发展之间形成更牢固的纽带关系。体育运动不仅仅是为了身体健康而成为街头活动的替代品,也是一种学习遵循规则、团结力量、发展友情以及其他更多深刻内容的方式。

学校处理违规违纪行为的方式对品格教育具有特殊的意义。学校忽视细小的暴力行为,走廊、餐厅及停车场的杂乱无序,对教师的不尊重,对公共设施的不爱护行为,其实是在削弱品格教育。学校中同样存在轻易给予奖励(尤其是分数上的)、自动升学及毕业方式、无成绩基础的奖励分配制度等问题。而专业人员指导下的学生朋辈辅导、公共空间巡查是提升品格教育的一种非常有前景的方式。

学校应该教授整个社群所共享的价值观,如诚实可靠、有尊严地待人,而特殊子群所珍视的价值观的传授应该为宗教学校及其他私立学校所保留。如果认为这些价值观已经不多见了,或者他们的这种共同承诺只有保持高度抽象化才能存在,则是与事实相违背的。

公共学校应该通过教育使学生认识到宗教的社会职能与历史意义,而非倡导对某一种特殊宗教的信仰。我们应该支持《威廉斯堡宪章》(Williamsburg Charter)所做的努力,寻找令我们产生分歧的宗教问题的共同点以及在学校中探讨这些问题的空间。

价值中立的性教育往往是难以被接受的。在传递家庭价值观的过程中,如果忽略疾病传播及意外怀孕的预防方法则是十分危险的。我们需要一种关涉人际关系、家庭生活以及亲密行为的教育,以提供一种规范的性教育以及适应各年龄阶段共有问题的具体知识。此外,学生们应该了解延迟性行为的意义、禁欲节制的益处以及处于性欲旺盛期避孕节育的相关知识,从而保护自己和他人。第二种教育并不能取代第一种教育。

社群内的学校

人们期待学校能够矫正某些社会弊病,与此同时,学校也需要获得所有外部援助的支持，使其卸下自己的责任包袱。家长、其他社群成员以及社会机构需要将自己视为合作者而非旁观者。

家长们需要全面、深入地参与学校政策、课程、纪律、社区服务等内容的制定与实施，尤其是在价值观问题方面。教师及其他教育者的专业知识应该涉及品格方面，且在宪法规定范围内，只要不对生命造成威胁，应该优先倾听家长及社区的声音（例如，学校可能支持被建设成为一个禁枪区域，而反对社区支持学生携带隐蔽性枪械的意见）。

每个人都需要支持社区学校，因为其作为社区核心发挥着重要作用。学校应该逐渐调整政策，争取一年中有更多月份、更长时间能够对外开放，甚至是在周末开放。虽然这不能一蹴而就，但"日出而作，日落而息"的作息时间显然已经不奏效。

适当开展社区服务，是培育公民责任意识与技能的有效方式，让学生在"做中学"而非单纯地学习。尽管社区服务可能是公民实践的重要方式，如果将其强行施加给学生，可能会折损其促进学生志愿服务意识发展的初衷。

一定要实现工作与学习的最佳融合。教育者需要努力发现将学校教育与对年轻人有意义的活动相关联的方式。许多企业雇用高中生做兼职工作，他们应该意识到自己同样是教育者。这些早年的工作经验，或将加强学生负责任的态度与习惯，或将使学生从缺乏公民素质与职业伦理的体验中吸取教训。公司与小型企业应与学校合作，为青年学生提供更好的就业机会，帮助学生塑造品格，并为未来生活做好准备。

学校应该被视为原生态的社区，学生与教师应该拥有相同的基本目标，尽量不要以对抗性或墨守成规的方式相互接触。尽管学生的基本权利应该得到完全尊重，但要保持文明礼貌，并不需要烦琐的听证程序；要规诫学生，也没必要盘问证人。简化的听证流程、有限的上诉申请、仲裁调解以及相似的解决方式对于学校环境而言更为适用。我们更希望顽劣的学生接受更多的教育而非驱逐。然而，即便这些措施不奏效时，学校也不应该过度排挤这些破坏学习环境的学生。

统一中的多样性

增加课程与学校构成的多样性，虽然能使学校更兼容并包，但同时也增加了学校遭受部族主义危害的风险。发展多样性是必要的，但应在统一融合的语境之下。如果我们能够学习其他文化与传统并且更加尊重他人，我们将变得更加丰富。然而，我们必须拥护共同的根基，最重要的是，珍视政府民主形式的卓越价值，宪法及其人权法案的重要性以及彼此间的宽容理解。教育者应该留意这句话所隐含的主题："虽然我们乘坐不同的船只，但现在我们同舟共济。"

任何一门课都不应该教授学生仇视其他族群。我们在各自的历史中都存在过危难困苦的时期。我们要在不忘记过去经验教训的同时，学习和谐共处，以免重蹈覆辙。

在一定时间限度内用新移民学生自己的语言教授课程，也许可以帮助他们平稳过渡，但应该努力避免由于族裔与人种问题而导致教育分离的时间过长。

讨　论

品格的发展并不是实现自我满足，而是需要获得控制冲动的能力，并实现行为动员。工人需要这种自我控制，以便能集中精力完成任务，而非成天工作散漫、事倍功半；同时，这也能使他们遵守通常并不十分满意的工作程序；公民及社区成员也需要自我控制，使其即便在不愿自觉纳税并为社区公共利益作出贡献时，也不需要更多的动员与宣传。自我控制能力使人们能够宽容对待不同族裔、人种、政治背景的其他人，而这种宽容正是民主社会的根本基础。

婴儿几乎不具备冲动控制及任务动员的能力，因为这些能力需要具备延迟满足的智能；新生儿往往只是全神贯注于即时需求及欲望。而教育的作用在于引导并激发此类驱动力以形成一种内在的调节机制，从而对个体进行自我引导，这通常被称为"品格"。教育将满足感与符合道德标准、对社会有益的素质拓展紧密联结在一起（这个过程被心理学家称为"升华作用"）。通过遵守规则将这种满足感与准时守信、行事负责、顾及他人感受等品质联系起来，使个体获得信守道德原则、履行社会责任的能力。

而这有可能导致过度教育以及将过多的精力投入内在自我控制机制中的问题，这就是所谓的"过度紧张焦躁"——人们完全沉迷于事业或成就当中，无法自我放松或表现爱意。这种过度的自我控制曾引起社会学家的担忧，尤其在 20 世纪 60 年代，引起了一种弱化品格教育并支持无限自我表达的呼吁。然而，在当下美国社会中，这种过度自我控制并不常见，事实上，很多在校青少年极度缺乏自我引导的能力。的确，绝大多数年轻人发现，自己极难做到守时、早起、独立完成作业以及按时有序地执行任务，这些都是深度缺乏自控能力的最显著体现。因此，学校必须积极开展品格教育。而这也正是诸多研究"教育问题"委员会误入歧途的地方。大体而言，他们赞成增加科学、外语、数学及其他技能的学时并丰富其知识体系。然而，"你不能往一条尚待浇铸的铁船上装载货物"。品格的形成是一项重要的先决条件，使学生能够学习，并且在毕业时，能够形成必要的人文素养，成为一个有用而负责任的成人。

纪律、自律及内化

120   家长与教育者总是强调纪律在品格的形成过程以及美国新生代公民的道德教育中所发挥的重要作用。一些民意调查显示，教师、学校管理人员以及家长将纪律缺失作为学校中的首要问题。他们正确地认识到，在课堂中，如果学生处于焦躁不安、无序无礼的状态，将无法制定并维持纪律和规程，学习也是无稽之谈。

到目前为止，看似一切都好。然而不幸的是，正如很多人所理解的那样，"纪律"具有一种独裁专制的意味。一个纪律性强的氛围往往被认为是一个由教师和校长们设定规则且不接受学生反馈意见的环境。在这里，当教师走进教室时，学生起立以示尊重，只有教师与他们说话时才能开口。在美国各州内，体罚仍然是维持纪律的一种有效方式。我认为，如果纪律是以一种专制方式来实现的，年轻人将只有在紧密监视与严厉惩罚的情形下，才能做到遵纪守法、行为端正。然而，一旦监管不力时，他们就容易出现不当行为，并倾向于通过反社会的行为来表达自己对于压迫的不满。这是因为在这种情况下纪律与惩罚相关联，而不是关于是非对错的基本常识。

学生及未来成年人所需要的是自律能力，一种愿意为其所相信并认为是积极的事情付诸行动、兑现承诺的内在能力，这种能力本身也是对这种努力尝试的一种奖励。只有当权威的声音被内化为个体内在自我或自我意识的一部分时，这种素质才能得到发展。这种内化发生在结构化的环境中，但并非是在专制条件下，这里并不需要封闭型、持续性的外部监控（当然不是我们脑海中想到的军校中的惩罚性环境）。更确切地说，这里所需要的是一种学校结构，这种结构由权威人物、规则制度以及任务组织方式共同构成，这种方式通过提供清晰的指导方针来激励学生。并且，所有这些内容必须是合乎情理、也是被坚定支持的，以便使学生能够完全理解这种遵从的需要。

教育要求必须清晰明确，并且必须充分说明要求与目标之间的关系。 121
课程不能是任意的，也不能因为个别教师的心血来潮而设定。为了培养自律能力，目标任务必须具有可行性，经过仔细审查且给予适当奖励。一旦过度，或沦为机械性地培养（如当时我上高中的儿子被要求记住所有居住在美洲的印第安部落的名字），或依据不相关的标准进行奖励时（如教师的喜好、少数族裔身份、不恰当的家长影响力），这些要求则会化为命令，而非构建自律意识的途径与内化承诺的方式。

品格与道德教育

尽管品格的形成能够为调动人们的任务能力、使其言行合乎道德要求奠定心理基础（通过控制冲动及延迟满足），却永远无法令人满意：无法将教育细化到某些具体的美德或价值观体系。尽管结果可能不那么令人满意，品格仍然为我们提供了一种说出真理的浩然正气，却不能传授给我们诚实的价值。它能避免个体向非自愿对象强行施加性冲动，却不能在道德层面教导他们强奸是不被接受的。在未关注价值观教育的情况下发展品格，就像在不清楚所要从事的具体运动的情况下，对运动员进行肌肉训练。而这个论断又无可避免地提出了一个问题：谁的价值观？

关于"应该教授谁的价值观"这个问题其实已经得到了答案，即我们所共同拥有的诸多价值观（不仅仅是某个社群或美国社会的，而是更广泛地域的价值观）。没有人会认为虐待儿童、强奸、偷窃、谋杀、不尊重他人、歧视等行为是道德的。

某些运行良好社群中的非主流价值观是颇受争议的，一般有两种方式可以解决这种异议，要么让学生学习关于这一问题的两个方面，要么公然省略。此外，这些问题有助于展现道德冲突的痛苦以及达成真正共识的益处，一种众多价值观中的共识。当然，谈到对立面，人们往往只能形成模糊的泛泛之论——几乎相当于陈词滥调。他们认为，一旦涉及具体问题，分歧将占主导地位，那么到底应该教授哪些具体的价值观？

对此，我首先需要指出，如果我们能使每一个人都真诚地认同所有这些价值观，并且仅在具体应用过程中才会产生争议，我们就已经遥遥领先了。其次，考虑到具体价值观，我们会发现所能达成的共识远比最初设想的要多。威廉·戴蒙教授指出的以下行为值得我们注意：

> 一位辅导教师致电学生家，询问该学生缺席请假信的真假，却
> 发现家长的请假信是伪造的；一个小男孩在校长办公室，用一把小刀
> 威胁老师；三名学生受到同学的排斥孤立，因为他们对另一同学斥以

带有种族歧视的语言；一个女孩抱怨，自己的储物柜被损坏，物品遭到偷窃；一小群男生聚在角落秘密购买毒品。操场上，两名女孩殴打另一女孩，因为这个女孩与她们认为不应该勾引的男生调情。

以上这些情况及其他行为所形成的教育契机，能让老师忙得不可开交。这表明，我们需要注意到这些行为的其他来源渠道，例如，儿童经常模仿的成人世界中的社群重建。

而不需要担心的一点是教育者会对教室中的这些忠实听众进行洗脑，使他们接受自己的道德观点。学生可以从电视、杂志、色情商店、朋辈及其他人那里听到各种各样的声音，社会环境中也存在自然的检验与平衡方式。如果某一位教师提出了一个超出社群共识之外的道德观点，例如所有人都应该成为素食主义者、反战主义者或禅宗佛教徒，学生可以从很多渠道获得信息资源来反驳这种教育观点。事实上，也会存在与之截然相反的情况：如果这些代表着拥有符合社群标准价值观的教育者，避免将自己的道德声音施于学生所能接触到的不和谐声音之上，只会导致学生错过本该倾听的主流声音，而仍然暴露于其他所有的杂音之中，因此不能信守社群所共同珍视的价值观。

经验的导入

如果反对仅仅加强道德推理与辩论的能力，应该如何教授道德价值观呢？又应该如何增强人的道德责任感呢？一种独一无二的方式是"体验"，尽管授课与书本均非常有价值，经历体验是一种更为有效的方式。这在课外活动中格外显著，尤其是在体育运动中。的确，这也可能会造成滥用误用，例如，当教练将赢得比赛作为唯一目标而过分关注时，则容易忽略教育学生学习比赛规则、团队精神以及运动友谊。参加这些活动的成员容易成为咄咄逼人的好斗分子，无法适应社群环境。然而，如果教练及其所传递的信息能与学校的价值观教育有效融合，同时如果家长更重视利用体育运动开展教育而非仅仅关注胜利，体育运动将成为优化价值观教育的最有效途径。

为什么课外活动具有如此非凡的力量？因为它能提供体验的机会，而"体验"是最有效的教育工具。因此，如果一个团队在比赛中犹如一盘散沙，因而输给了另一个协作默契、配合紧密的团队，则失败的队员会从中学到团队精神的优势，这是任何鼓舞士气的动员讲话或幻灯片演示所无法教授的内容。

在学校的其他活动中也是这样，这些体验无论是积极的还是消极的，无疑具有深刻的教育效果。提升学校道德教育职能的首要步骤，在于提升学校作为一个经验体系的意识并加以分析。学校不应该被视为教师、学生、班级以及课程的集合体。相反，我们需要将停车场也囊括在其中：这是一个超速驾驶发生、且学校当局视而不见的场所吗？这是一个个体学会尊重他人安全的场所吗？还是受到学校教职工或同学管制的场所？此外，学校餐厅是用食物互相打闹且被噪音淹没的地方吗？还是一个在用餐时进行着有意义交谈的文明场所？走廊区域是一个对肌肉与身材有要求、否则会被欺负推挤到一旁的地方吗？还是一个有教职工及学生巡视的安全地带？蓄意破坏公物会相安无事吗？会有人公开买卖毒品吗？学生们是根据某些评判标准而非具体表现进行赏罚的吗（如基于不发生对抗、绝对服从无异议、具有优越的且更受社会欢迎的家庭背景等标准）？还是破坏公物的行为会受到制止（确实发生后，实施该行为的学生需要弥补损失）？药品买卖是否会得到迅速、严厉地处置？学校是否会以理性的一般标准对待学生？

爱荷华州有一个关于如何在班级中制造体验的有力例证。这是一个非常著名且值得回顾的案例。1968 年，一名三年级教师，简·艾略特（Jane Elliott）在并没有就马丁·路德·金遭到暗杀后美国黑人的境遇展开讨论的情况下结束了课程，她希望通过影响这些三年级学生的情感体验来对他们进行关于歧视问题的教育。她根据学生眼睛的颜色将他们分为两组。一个周五，艾略特宣布，"今天蓝色眼睛的学生表现最差，而棕色眼睛的学生表现最好"。她接着说，"我的意思是说棕色眼睛的学生比蓝色眼睛的学生更加优秀。他们比蓝眼睛学生更干净、更文明、更聪明"。

这个实验所产生的效果是迅速而强烈的。"中午以前，我感到很难受"，艾略特回忆说，"我希望我并没有开始这场实验……在午饭前，不用通过学生的眼睛颜色我也能够区分他们，只要看到他们的表现，我就能不假思索地分辨出来。棕色眼睛的学生非常快乐、机敏、生活更加充实。而蓝眼睛的学生则非常可怜"。学生们通过这种体验学习到了什么是歧视，并且深受影响。棕色眼睛的黛比·安德森说道，"（在蓝眼睛学生所喜爱的周一），我感到非常生气，觉得自己很脏，我感到自己不如周五那么聪明"。学生西奥多·佩泽斯卡基写道，"我不喜欢歧视，会让我感到悲伤，我不想让我的人生充满愤怒"。

一位学生的母亲说道：

> 我想让您知道，因为您的"歧视日实验"，我们的生活就此不同。我丈夫的母亲经常和我们在一起，并且经常使用"黑鬼"（nigger）这个词。在上过你的课后，她再一次这么说时，我的女儿上前对她说："奶奶，在我们家中不允许使用这个词，如果你坚持要用这个词语，我会离开这个家，直到你回到自己家。"我们非常高兴。这是我在很久很久以前就想对她说的一番话。并且这非常管用，她不再说这个词了。

这一段经历给我留下了深刻而持久的印象。1984 年，艾略特的班级得到了一次重聚。之前的学生苏珊·罗兰说道："我发现有的时候，当我看见一些黑人在一起时，我会观察他们的行为，我想，好吧，他们是黑人……稍过片刻，当我刚这样想，在还没有思考完以前，我就会回忆起当我处在这个位置的时候。"韦尔拉·巴尔斯补充说："几周以前，我们在一起玩垒球。其中，有一个我认识的黑人，我们彼此拥抱，其他人注视着我们，好像在说，'你在对他做什么？'然后你会有一种强烈燃烧的感觉，你想让他们经历我们所经历的，然后明白那些人没有什么不同。"其他学生也纷纷表示，他们的职业选择也都受到了这次"歧视"体验的影响，一些人选择加入了"美国和平队"（Peace Corps）或与具有海外文化背景的人一起共事。

少一些流动，多一些融合

教师不应该仅仅作为信息与技能的供应者，而是应该成为教诲学生、构建学生品格的人。因此，相对于目前学校中存在的师生关系而言，他们之间需要建立更紧密的联系，而这种紧密的联系可能是通过减少班级与学生的流动而实现的。美国很多高中认识到，如果一个权威的社会学家决心要弱化师生之间的亲密联系，则只需要力图确保朋辈之间的联系不是基于班级而形成的。这种效应是源自一个事实——每过 45 分钟，铃声响起的时候，学生将重新轮换一次教室，而各科教师不必离开。而学生之间，尤其是在大规模学校的学生中，很难形成班级成员之间的亲密关系。因为在这一时期学生所接触的班级成员将与下一阶段的不同。基于此，朋辈群体——这个通常能够左右其成员的团体，尤其是在道德问题上具有影响力的群体，往往不是基于班级而是其他非教育因素而形成的。这种情形下，朋辈群体很有可能是通过其他机遇或价值取向而形成的，无论是赛车还是摇滚音乐。教师希望依靠这些"朋辈纽带"来支持道德教育则是一个巨大的挑战。朋辈群体不是必然会反对社群及其教育价值观，但社会学相关研究证明，他们经常会这样，尤其是在流转度极高的学校，学生很难被教师动员而支持道德教育。

另一种后果是，教师很难获得真正了解学生的机会，因而无法与学生形成紧密联系。教师往往仅对某一科目负责，而非一个班级或者某一群学生，例如，十一年级五班的全部学生。因此，事实上，高度分化的学校组织模式是教育者与学生建立紧密联系的一个系统化障碍壁垒，而恰恰也是道德教育的一个至关重要的先决条件。

因此，各高中应该重新规划组织，促进以体验为基础的道德教育。教师应该负责管理某一个班级，为这一群青少年授课，比如其中的三门课（尤其是那些蕴含丰富价值观内容的历史课与文学课），或者两门课与公民课。这一名教师同时也是这个班级的班主任，并明确负责纪律问题。在实现纪律约束的过程中，教师不应该作为一个惩罚性的"警官"，而是一个以"不当行为"为惩戒实例、从而优化道德教育的"团队成员"。学校同时应该制定一项政策，确保这些教师能够从九年级到十二年级一直伴随学生。

这些措施反过来会使教师在接受培训、变成专业化程度较低的教育者等方面的改变成为必然。很多教师，尤其是那些教授人文科学及博雅课程的教师，已经广泛形成。无论如何，如果不能形成更多具有包容性、广泛性以及价值承载性的联系纽带与接触机会，道德教育将很难成功。

127

第七章　构建民主社群：道德教育的根本方法

F. 克拉克·鲍尔（F. Clark Power）

从 1975 年开始，我和劳伦斯·科尔伯格以及他的同事一直共同致力于通过发展"公正团体法"（Just Community approach）来开展道德教育。这种方法鼓励学生参与民主决策，从而将焦点集中于建立"道德社群"上。虽然"公正团体法"体现了国家的最高理想，但是我们在努力推广这种方法的过程中却遭遇了重重难以克服的阻力。尽管实践已经证明这种方法在促进道德发展、构建具有凝聚力的社会、培养民主技能以及减少纪律问题等方面是十分有效的，但仍有一些校长和教师认为这种方法是不切实际的。虽然学校通过校训和办学宗旨来表明他们支持民主、拥护社群的态度，但那不是真正的民主，而是校长和教师们的专制管理。学生几乎没有参与学校纪律和社会生活相关决策的正式机会，即便有也是极少的，然而这些机会对他们而言至关重要。虽然大多数学校都存在一些学生自治的形式，但是其所能发挥的作用却往往被谨慎地局限于组织社交活动和筹措资金等方面。除了小学以外，学校不再是具有凝聚力的团体，整个社会形态被一些党派和集团掌控着。虽然大部分学校口头上承诺会通过运动项目和学校集会活动来建设社群，但是极少有学校能够真正建立起一种超越性别、种族、社会阶层以及友情群体的团结意识。

虽然品格教育运动在美国已经得到了迅速发展，但令人惊讶的是，人们却很少关注学校环境方面。正如我将指出，学校，尤其是初高中，由于课堂教授的价值观与实际培育的校园文化相抵触，往往会导致品格教育的效果被破坏。校长和教师只是无法识别文化是如何用心良苦地去努力教授美德的。当我们谈到学校时，往往考虑的是学校、课程、教学方法、纪律约束技巧以及专业的矫治和咨询服务，几乎很少关注校园文化，除非是在一些危机时刻。举例来说，只有在校园枪击事件发生后，我们才会意识到校园中的"欺侮问题"——一种在美国初中、高中长期存在的"同侪文化"（peer culture）。尽管我们已经认识到欺侮问题带来的痛苦和伤害，但对于从文化层面上来解决该问题，我们几乎毫无作为。相反，我们却目睹了金属探测设备、禁闭程序、"零容忍政策"以及着装要求规范等方面的急剧增长。我们极力探寻青少年灵魂与心智的奥秘。学校工作人员能对暴力事件的征兆作出反应，却无法回应其背后的潜在原因。我们的学校管理者、校长、教师以及广大公众很难发觉恃强凌弱、欺侮作弊、损坏公物等违纪行为是根植于学校文化之中的。他们以一种"格式塔"心理学方式①（gestalt）来认识这些问题，强调个体学生而非他们所属的群体。在校园文化变为民主社群之前，这些问题会一直存在，且会导致品格教育一直停滞不前。

科尔伯格的社会学转向

那些不熟悉科尔伯格在道德教育方面的贡献的人，可能会对他将精力投入到一种如此注重学校组织和校园文化的教育方法感到疑惑。科尔伯格因其道德判断（moral judgment）"六阶段理论"而著名，该理论由让·皮亚杰（Jean Piaget）的认知发展理论衍生而来。科尔伯格的"六

① 格式塔（gestalt），是德文"Gestalt"的译音，意即"模式、形状、形式"等，指"动态的整体（dynamic wholes）"。格式塔心理学诞生于1912年，由德国心理学家马克斯·韦特墨（1880—1943）、沃尔夫冈·苛勒（1887—1967）和科特·考夫卡（1886—1941）创立。格式塔心理学强调经验和行为的整体性，认为整体不等于部分之和，意识不等于感觉元素的集合。——译者注

阶段理论"为理解儿童及青少年如何思考并解决道德问题提供了有力的工具，并且具有明晰的教育意蕴。例如，如果儿童和教师思维迥异，教师则需要根据儿童的水平能力来选择相应的道德指导方式。此外，科尔伯格和皮亚杰认为儿童是通过社会交往来建构道德推理能力的，如果这种观点是正确的，那么在道德教育方法中儿童应该被视为主动而非被动的学习者。科尔伯格道德心理学最直接运用的方法即"道德两难问题讨论法"（moral dilemma-discussion approach）。在这种方法中，讨论领导者会通过"苏格拉底式问答"（Socratic questioning）来鼓励儿童解决道德两难困境。研究表明，如果在一段时间内持续、适当地使用道德两难问题讨论法，将在促进道德的阶段性发展方面具有实效性和可靠性。

20 世纪 50 年代末期，当科尔伯格作为一名博士生开始做关于道德发展阶段的研究时，大多数社会科学家都将道德和某一社会的规范及价值观等同看待。从这种观点来看，道德教育被局限于社会标准的社会化与内化之中。然而，科尔伯格认为道德是基于公正的普遍原则之上的，对他而言，道德教育意味着道德推理能力的培养。虽然科尔伯格认为学校应该开展道德教育，但他对学校在促进儿童道德理性发展方面所能达到的真正程度表示质疑。科尔伯格喜欢将儿童描述为"自然道德哲学家"，但他无法确信已经习惯在课堂上具有绝对道德权威的教师，是否愿意发起与学生的"哲学对话"。当他的研究生摩西·布拉特（Moshe Blatt）证实了道德两难问题讨论法能对道德发展阶段变化产生重要影响之后，科尔伯格也亲自投入到道德教育的研究中。

尽管科尔伯格之前是以一个心理学家的身份投入教育，因而更为注重个体的心理发展，但在他早期关于教育的文章中，却揭示了他对学校组织和校园文化的那种初始的、且持续发展的兴趣，而该领域一直是社会学家所关注的。鉴于其学位论文研究的启示，科尔伯格在关于教育的第一篇文章中建议有效的道德教育必须解决班级和学校中存在的层级结构问题[1]。

---

[1] L. Kohlberg, "Moral Education in the School", *School Review*, 1996 (74), pp. 1-30.

科尔伯格发现，与同龄儿童相比，工薪阶层背景的儿童在道德推理能力方面，通常处于较低的发展水平，而这一发展似乎并不需要从权威人士的视角来考虑。科尔伯格进一步建议，学校应该为学生提供参与决策的机会。

几年之后，在可以算是科尔伯格关于道德教育的扛鼎之作《公正教育：对柏拉图观点的现代重述》一文中，他大胆定论，为了实现道德发展的目标，学校一定要提供一种特殊的环境：

> 我一直赞成柏拉图式的理想观点，即便对你而言并非如此，但对我而言这一观点是具有革新意义却又令人恐惧的，即如果学校能够严肃对待关于善的真正知识，那么学校就会是一个真正与众不同的地方。①

科尔伯格将理想中的学校描述成一个"小共和国"，在这里，"公正"和"爱"的原则居于核心。科尔伯格的"小共和国"将不是由一群享有特权的哲学老师来统治，而是依靠教师和学生构成的"民主"来掌控全局，师生共同参与关于社群之善的哲学思考。

1969 年，科尔伯格在考察了一个具有革新意义的"以色列青年阿莉娅基布兹"②（Israeli Youth Aliyah Kibbutz）高中项目后，在理论上开始了更坚定的社会学转向。在标题为"认知发展理论与集体道德教育实践"的一个鲜为人知的章节中，科尔伯格提出了一个令人吃惊的建议："目前，青年阿莉娅基布兹组织的实践活动，似乎比我们在理论上构想的任何活动都要好，这不是在矫正实践中的错误，而是在修正我们思考问题的方式，这

133

---

① L. Kohlberg, "Education for Justice: A Modern Restatement of the Platonic View", In N. Sizer and T. Sizer, eds., *Moral Education: Five Lectures*, Cambridge, Mass.: Harvard University Press, 1970, p. 83.

② 基布兹（Kibbutz）在希伯来语中是"团体"的意思，是一种以色列的集体社区。以色列政府规定：基布兹是一个供人定居的组织，是在所有物全体所有制的基础上，将成员组织起来的集体社会，没有私人财产。其宗旨是在生产、消费和教育等一切领域实行自己动手、平等与合作。——译者注

也正是我所提倡的。"① 在科尔伯格的早期职业生涯中，他曾加入皮亚杰对法国社会学家埃米尔·涂尔干（Emile Durkheim，1925—1973）② 所倡导的集体主义道德教育的批判中。科尔伯格将集体主义道德教育视为一种会造成一致从众性的"独裁式灌输形式"。然而，他对民主基布兹青年组织功能的观察探究，却帮助他将涂尔干的"集体主义"与苏联实践中的"集体主义"区别开来。在"基布兹之行"后，科尔伯格接纳了涂尔干的集体主义理论，认为其可能与民主决策共存，并且学生朋辈群体可以作为促进道德发展的强大资源。在 1974 年第一个实验性的公正团体学校——"联合学校"（Cluster School）建立前，关于认知发展心理学（Cognitive Developmental Psychology）与集体主义社会学（collectivist sociology）的这种奇特结合，如何能够指导道德教育实践，始终是一个令人困惑的难题。

在"联合学校"工作数年之后，科尔伯格完成了他的社会学转向。正如我将阐明的，我们已经艰难地认识到，改变同侪文化远非单纯地带来具有激励作用的道德对话那么简单。我们不得不抓住每一个机会让学生确信自己是这个具有凝聚力的社群的一部分，并能自觉接受他们对于彼此以及"联合学校"的未来所应承担的责任。同时，我们需要帮助学生相信"联合学校"的幸福取决于他们遵从学校的纪律和政策并适时作出自我牺牲的意愿。

134

---

① L. Kohlberg, "Cognitive Developmental Theory and the Practice of Collective Moral Education", In M. Wolins and M. Gottesman, eds., *Group Care: An Israeli Approach*, New York: Gordon and Breach, 1971, p. 370.

② E. Durkheim, *Moral Education: A Study in the Theory and Application of the Sociology of Education*, New York: Free Press, 1925/1973.

民主实践

民主为我们提供了交流社群愿景并将此愿景转变为现实的途径。民主也在个体与集体的发展中发挥纽带作用。公正团体民主机构最重要的活动即每周召开的团体会议，学生和教职工一起讨论目前面临的问题并制定规则和政策。在团体会议上，师生通过直接参与民主的方式作出决策，且每个教师及学生成员都有公平的投票机会。学生和教师以咨询小组的形式每周会面，并通过这种方式为团体会议做好准备，该咨询小组一般由 12 名成员或由 12 名学生和 1 名老师构成。这些会议允许每一个成员在某些问题受到全体社群人员关注之前展开讨论；而实际上，这是在为大型团体会议进行排练演习。违反纪律问题、学生之间以及学生和老师之间的矛盾冲突问题都会被移交至"纪律委员会"（discipline committee）进行讨论处理，该委员会在后续的"公正团体计划"中被更名为"公平委员会"（fairness committee）。委员会大体是由学生构成，且所属成员每隔几个月就要轮流循环一次，委员会的上诉决议均会直接呈交至团体会议。

正如我们在"联合学校"中所发现并在每一次发起新的"公正团体计划"时所重新认识到的那样，建立参与民主的机构非常容易，但若想实现民主社群的理想却十分不易。

生活在代议制民主社会中，我们极少能获得相关经验，来思考能影响我们日常生活的规则及政策的共同之处，也不具备能深度思考我们"共同善"的经验。我们生活在一个充满对民主政策冷嘲热讽的时代，且这种愤世嫉俗已经深入到我们的学校中。

在"联合学校"，我发现并坚信，若想要教职工和学生真正相信民主 135 程序对每一个人而言都是公平公正的，几乎需要整整一年，而这种信任只能从真实体验中产生。教师对庞大学生群体的专横感到恐惧，学生对虚假民主的根源也心存疑虑，但是正如我们将会看到的，这些问题可以得到解决。

据各方面消息显示，"联合学校"的早期生活有时是混乱的。教师坚持认为第一次团体会议要致力于制定一套具有革新性的"下午课程"计划。他们为学生提供了一系列令人印象深刻的可选课程，却发现，学生对课程设计并不那么感兴趣。比较而言，学生更愿意检验他们的民主力量。一个学生通过提出将下午课程变为选修课的这一请求，打破了以教师为主导的研讨模式。紧接着，又一个学生要求直接投票。毫无疑问，这些行为简便易行。然而，当学生们起身离开的时候，科尔伯格阻止了他们，并指出这只是测验性的民意投票。

大约在同一时期，科尔伯格组织了一次实地考察活动，让学生到距离自己高中仅一条街的哈佛大学观看电影。在为此次考察活动做准备的团体会议中，科尔伯格对"禁止在放映电影的礼堂内吸烟"的规定进行了说明，指出电影放映及活动成行的条件取决于是否能达成禁止吸烟的民主决定。学生们轻易地达成了共识，但当电影开始放映时，很多学生自然地点燃了香烟。科尔伯格在等待老师来阻止他们却徒然无果后，只得停止了放映机，并打开灯。科尔伯格对学生如此轻易地违背通过民主决议制定的规则表示震惊。令他更为惊讶的是，教师竟然没有干预这种行为。科尔伯格很快意识到，这场道德教育试验需要从教师开始，因为教师并未比学生具有更多关于民主社群的体验。教师一直趋向于认为纪律是具有二分性的，要么独裁专制、要么放任自流，因此民主也就被解读为自由放纵。在20世纪70年代盛行的"自由学校运动"（free-school movement）中，很多老师理想化且天真地以为，一旦取消"威权纪律"的压制性约束，学生就会自然而然地变得善于协作且富有责任心。一般而言，教师不赞成任何形式的条例规则，而更愿意基于非正式、个体化的原则来制定指导方针、处理合规问题。

我们眼中的民主与当时参与学校运动的大多数学校的想法具有很大差别。首先，我们坚持认为，让所有学生和教师都参与团体会议是不容商榷的要求。一方面，对民主进行强制要求看似自相矛盾，尤其是对自

136

由学校的教师和学生而言；另一方面，我们认为直接参与民主是立校的根本原则。同时，我们也将民主视为教学方法的一种形式。和约翰·杜威（1916—1966）一样，我们既把民主参与当作教育手段，也将其作为终极目标。① 我们认识到，大多数高中生并不能完全肩负起民主参与的责任；然而，我们却相信民主体验是他们获得民主技能和公民参与意识的最佳途径。因此，我们采纳了很早以前由美国公立学校开创者贺拉斯·曼（Horace Mann）提出的"民主教育学徒制模式"（apprenticeship model of democratic education）。贺拉斯·曼呼吁人们关注在民主国家存在独裁学校这个看似具有讽刺意味的事实：

> 为了帮助人们为自治做好准备，学徒制一定要在幼年时期开始。一个在 21 岁之前一直是处于压迫状态的人不可能在这之后马上变为一个独立的公民；并且，不管是在澳大利亚还是在美国，受压迫者都没有什么不同。适宜于专制的学徒方式在于训练专横独裁；而适宜于自治的学徒方式则在于训练自我管理。②

学徒制模式有两个显著的特征。首先，这是一种在"做中学"的方法，能够为学生提供民主决策的常规训练机会。其次，这是一种能够提供方向指引的训练方式。尽管民主包含教师和学生之间的平等关系，但学徒制在本质上却是有层级之分的，那么看上去，民主学徒制似乎是矛盾的；然而，这种层级是在最初阶段被建立的，是通过专业知识和经验，而不是权威地位来获得的。在民主学徒制中，教师的专业技能最初是在建立和维持民主机构的过程中，通过说服力和组织责任的锻炼而形成的。

然而，我们可能会产生一个疑问，即在民主学校中教师是否能既是一个领导者又是一个平等的成员。在皮亚杰的经典著作《儿童的道德教

137

① J. Dewey, *Democracy and Education*, New York: Free Press, 1916/1966.
② H. Mann, *The Republic and the School: The Education of Free Men*, New York: Teachers College, Columbia University, 1845/1957, p. 58.

育》中，他从这个角度提出了几个重要的问题。① 他假定儿童有两种道德类型：一种是在成年人约束下的道德；另一种是由儿童之间的合作而产生的道德。"他律性道德"不可避免地来源于成人与儿童之间的等级关系，而"合作性道德"却产生于同侪关系之中。这两种道德类型具有截然不同的作用方式。

"他律性道德"是一种对上层权威的屈从妥协，因为儿童对权威的尊重顺从仅仅是基于成人权力优势的事实，因此理性毫无立足之地。另外，"合作性道德"是平等个体之间的协作，因为儿童必须自由建立起他们自己的规范和准则，所以理性是这种道德的核心。由此，皮亚杰严厉抨击了教师的这种"君主权威"——可能会导致教师致力于促进学生盲目遵从心理的形成。他写道，这样一种方式忽视了儿童发展的现实，在极端情况下可能会引发儿童的悖逆反叛，至少也会造成他们的被动性。

138　　我们同意皮亚杰的观点，成年人可能并总是阻碍儿童道德判断能力的发展。正如我之前所言，科尔伯格关于道德讨论的研究显示，为了实现道德教育的有效性，教师必须使用"苏格拉底式问答"的方法。教师直接回答自己提出的问题或要求学生猜测正确答案，可能是缩短讨论的最佳捷径，没有其他任何方式能如此迅速。然而，我们认为，教师应该鼓励学生参与到深度道德对话中来，仔细倾听并提出质疑。这就意味着教师必须要收起他们作为真理掌控者的权威角色，而承担作为一个同道的真理探寻者的角色。在民主学校中，这也意味着教师需要作为团队中的一个平等成员，即皮亚杰所说的"年长合作者"（elder collaborators）。必要时，教师也需要充当道德讨论及民主进程中的促进者。因此，这种学徒制模式表明，道德教育中教师的角色超越了促进者、榜样及领导者。

---

① J. Piaget, *The Moral Judgement of the Child*, New York: Free Press, 1965. 原作品发表于 1932 年。

教师角色

只有在"联合学校"从事多年咨询工作之后，我们才能够真正清楚教师在公正团体民主中应该扮演的复杂角色。这个角色需要在方向引导和放松控制之间维持一种微妙的平衡。教师需要鞭策学生为理想社群而奋斗，并鼓励他们感知自己在学校中的主人翁意识。有时，教师为了促进学生讨论需要保留自己的观点；而其他时候，教师需要代表整个社群或自己的利益发出声音。

科尔伯格对教师角色的思考深受其对基布兹学校的成年领袖——"马里奇"（madrich）观察的影响。科尔伯格在报告中说明，通过成年领袖熟练且富有技巧的指导，学生形成了一个具有超凡凝聚力且训练有素的社群。科尔伯格指出，"在成年领袖的非正式指导之下，隐藏了相当重要的坚实力量，这种力量是基于集体教育理论而形成的"。[①] 虽然成年领袖很少发出指令或发表演说，但是他能充分理解并运用朋辈群体的力量。在美国的教育体制中，没有与该"成年领袖"清楚对应的角色。这种"成年领袖"承担了部分校长、顾问以及班主任所熟悉的职能，然而，其最主要的贡献是通过民主程序让学生参与到社群建设中来。

尽管我们全力帮助"联合学校"的教师扮演与该"成年领袖"相似的角色，却丝毫未见成效。初中和高中教师仅仅看到了自己对所教授学科的责任，如历史、自然和数学。然而，除非自己教授公民教育课程，否则这些老师不会认为自己肩负着帮助学生成为民主公民做准备的职责。此外，他们大都对自己"厉行纪律者"的角色感到不舒服。多数教师都将纪律看成控制和管理，一种允许其授课的必要却又令人反感的保护条件。我

[①] 参见 L. Kohlberg, "Cognitive Developmental Theory and the Practice of Collective Moral Education," In M. Wolins and M. Gottesman, eds., *Group Care: An Israeli Approach*, New York: Gordon and Breach, 1971, p. 358。

和学生一起开展的访谈研究揭示：即便让教师把纪律想象成一种"课堂道德规范"，或是一种教育活动，他们仍然觉得困难。① 在我们能够帮助"联合学校"的教师通过"公正团体法"建立角色之前，我们需要说服他们，在民主语境中仔细思考纪律问题是值得花费时间和精力的。我们必须帮助他们意识到倾听学生比仅仅对学生进行说教更有价值。

140   我将用一个传统初中的简单例子来说明，教师全新的纪律角色将会带来的益处和挑战。琼斯女士是人们所熟知的杰出中学老师之一。她和学生之间建立了良好的关系并且对进一步理解道德教育十分感兴趣。学年中期，琼斯发现一名优等生苏珊将作业借给乔伊进行抄袭。琼斯迅速就抄袭问题对苏珊和乔伊进行了处罚，让两人成绩不及格并通知家长，且拒绝他们参加"月度品行良好披萨派对"。当我知道这件事的时候，我意识到该事件为琼斯及学生共同探讨"抄袭作业问题"提供了一个绝好的教育机会，也许还能帮助她促使学生参与到规则建立中来，以杜绝此类"合作行为"甚至更为严重的抄袭作弊行为。我向琼斯建议，那些抄袭的学生可能并没有真正意识到自己的所作所为是错误的，并提议让她开展一次关于此类抄袭问题的班级讨论来弄清学生的真实想法。如果学生不认为这种抄袭行为是错误的，那么她可能需要重新考虑惩罚处理方式，至少，需要举办一次关于抄袭问题的道德讨论。

    虽然琼斯对是否有必要组织这样一次讨论持怀疑态度，但她还是同意进行讨论。第二天她问学生："有谁认为把自己的课堂作业借给别人不是作弊行为？"学生纷纷窃笑但都没有举手。琼斯在总结时，提醒学生——她在学年初的写作课上公布的"禁止抄袭"的明确规定，并且她希望此类事件不再发生。然而，下课之后，琼斯却无意中听到另一名学生向苏珊借家庭作业，想在吃午饭时抄袭。

    这个例子证明，对纪律问题而言，独裁方法是徒劳无效的。琼斯在

---

①   E. Durkheim, *Moral Education: A Study in the Theory and Application of the Sociology of Education*, New York: Free Press, 1925/1973, p. 1448.

制定并执行课堂规则时，并没有让学生参与其中。然而，她认为自己这么做并不只是为了维护她作为一名老师的权威，也不是要求学生服从武断专制或不合情理的规则；而是因为布置家庭作业的目的、学生对教材的理解掌握因为抄袭而被破坏。此外，抄袭是不诚实的行为，学生肯定明白或至少能认识到这一点是对的。向学生阐明独立完成自己作业的好处或是诚实的重要性，是否能对苏珊或其他学生的行为产生任何影响？在我看来，这个问题的关键不是学生的无知或是恶意，而是同侪文化的问题。学生并未从道德层面认识抄袭作弊问题。事实上，在学生们中间存在这样一种规则，认为抄袭其实是帮助。为了改变这种同侪文化，琼斯首先需要鼓励学生分享他们对于该问题的看法。

如果琼斯询问学生如何看待抄袭行为，学生会如何回答呢？当我后来问苏珊为什么要帮助他人抄袭时，她否认这是抄袭。"抄袭？我认为我是在帮助他人，我只是在努力成为特蕾莎修女（Mother Teresa）一样的人"。如果苏珊曾经和她的同伴们一起参加过一次真正的道德讨论，她将会为自己的行为进行辩护，最糟糕情况下也并无危害（乔伊通常自己做作业），而且往好了看这是一种无私的利他行为（不仅仅是在帮助一个落后的朋友，同时也帮助了所有不得不等乔伊完成作业的优等生群体）。琼斯其实本可以有一个很好的机会，来建议苏珊和她的同学通过一种更好的方式来帮助乔伊——鼓励他自己完成作业。琼斯也可以在课堂上讨论诚实问题及信任的重要性，最后，她可以要求整个班级共同制定一套作业规则，以此来彰显独立完成任务、诚实以及信任的价值。

描述琼斯小姐本应如何去做，我并非是想指责她。她处理本次事件的道德严肃性应该被赞许。许多教师可能会以另一种方式来看待此事，或者没能意识到道德问题已经迫在眉睫。尽管如此，琼斯小姐的处理方式是徒劳无益的，甚至可能起到反作用。她本可以通过另一种具有更高成功率的方式来处理该问题，但遗憾的是她并没有找到另一种方法。一些教师未曾准备或期待过组织一些关于课堂纪律的道德讨论，更不用说利用课堂提供民主学习的学徒制方法。另外，很多教师也从未接受过扮演"成年领

141

142　袖"角色的训练，动员学生参与到同侪文化中来，并为建设一个更好的社群而付出努力。琼斯小姐对苏珊和乔伊进行了惩罚，认为这个惩罚能在未来对他们和其他人发挥威慑作用。然而，除了苏珊，这个惩罚似乎不能威慑其他任何人。当再次有人向她借作业时，苏珊拒绝了。之后，我追问她不再将作业借给别人抄袭的原因，她只是简单地说她不想再陷入麻烦。同时她也吐露，她感到生气和背叛，并且她的朋友也支持她。看起来，这种阻止方法不但不能促进苏珊的道德推理能力的发展，反而疏远了苏珊与同伴、老师的关系，在某种程度上，甚至也是和整个学校关系的疏离。

　　我认为，站在道德教育立场上，对传统课堂管理的纪律规诫方法的有效性进行分析，引发了对于其他替代方法的探索，如关注学生文化以及道德推理能力的"公正团体法"。我们需要缩小文化差距，这是在很久以前由魏拉德·沃勒尔（Willard Waller）提出的，他将教师和学生描绘为存在于两种截然不同却又难以互相穿透的社交世界中①。他发现，学生趋向于团结成为强大的朋辈核心群体，而教师总是试图通过外在的奖励或惩罚进行外部控制。正如我所阐释的，这种外在控制机制只会加剧学生文化的疏离。为了消除教师和学生之间的障碍，教师需要从内部呼吁学生文化。这也正是"公正团体法"的目标所在，即通过要求教师分享权利与责任，帮助学生建立一个具有凝聚力的道德社群。

　　教师在"公正团体"中所扮演的角色包括"促进者"及"年长合作者"——教师一定要乐意去引领和指导。最早的联合团体会议显然说明，教师要让儿童牢记在作出决定以前需要认真商议，同时应号召教师代表社
143　群理想畅所欲言，以此对讨论进行方向性指引。科尔伯格在联合学校早期就扮演着这样的角色，我们要让教师尽快采取这个方法；同时，我们要把这个角色构想为一个倡导者。我们也都意识到，在这种形式化的过程中，教师很容易对其进行滥用和误用；另一方面，我们认识到，如果没有科尔伯格和那些教师一直坚持呼吁"公正团体法"的两个支柱：民主和社群，

---

① W. Waller, *The Sociology of Teaching*, New York: John Wiley & Sons, 1932.

"联合学校"的民主可能还会在原地挣扎。这些支柱不仅仅是描述一种制度性现实，也是一种规范性理想。"联合学校"需要通过参与深度的不断发展成为一种民主形式，同时依靠关爱、信任、责任共同构成的联系纽带的发展而成为一个社群。

通过集体规范构建社群

我将通过探讨自己对社群的理解以及我们是如何通过建立所谓的"集体规范"（collective norms）来促进社群建设的，并以此作为对本章内容的总结。我们将社群定义为一个群体，在这个群体中，每一个成员因为个体利益而珍视公共生活，并由此将"社群"（community）与"社团"（association）区分开来，社团中成员之间的关系被认为是工具性的。我们一直努力通过"公正团体法"来构建社群，而这类社群以对团结、关怀、信任以及参与集体活动的高度期待为主要特征。然而，这些期待不会自然而然地生发，需要随着时间的推移来细致培育。

我们很早就发现，给予学生关于制度规则的投票表决机会并不足以改变他们的行为，学生已经习惯了禁止扰乱班级、打架、偷窃、逃课等规章制度。然而，这些规则通常是由教师通过个人领导力或威慑力来实施的。我们希望学生朋辈群体能够理解这些规则，这就意味着学生需要将这些规则作为社群共同期盼的表达方式。如何能引领学生获得对学校的充分归属感，并由此将社群福祉作为一个整体加以关注和关心？这种方式即经过广泛讨论之后以民主的方式制定规则具有极大的帮助作用。随着时间流逝，学生逐渐具有了学校主人翁意识，也越来越能够承担解决纪律问题的责任，问题在于学生一般是迫于外在惩罚的威慑作用，而不是对于社群核心价值承诺的内在诉求来解决问题。

对关于偷窃问题的两个团体会议的记录进行比较之后，我们首次使用"集体规范"这个词语来尝试描述我们从团体会议讨论中得到的共同期

144

待①。第一次会议在"联合学校"的第一学年召开，并由此制定了一则禁止偷盗的规定；而在接下来的一年中，第二次会议通过了一个决议，即所有人均要对学校中的盗窃受害者进行捐助补偿。我们认为，从第一年到第二年，学生社群意识的发展更加明朗。然而，对于应该如何描述社群文化的变化，并将这种变化与同时发生的学生个体道德推理能力的发展阶段变化区分开来，却让我们感到焦头烂额。

当"联合学校"初次发生偷窃行为时，学生是漠不关心的。一些学生认为，"学校并不是一个能信任他人的地方，即使是在'联合学校'。不管是不是在社群里，如果你想要什么东西，拿走它。偷窃表明你不需要太友善"。科尔伯格试图通过社群中的信任缺失问题来激起学生的道德愤慨，然而，一个学生反击说："不就因为一点儿东西丢了，你没必要为此大哭。"似乎许多学生都认为偷窃是错误的，但仅仅因为它违反了个体所有权（科尔伯格将其称为道德推理能力发展的第二阶段）。而另外一些人却表达了更为深刻的见解，认为偷窃破坏了人与人之间的信任（第三阶段）"我知道有许多人会偷东西，你们对此感到很难过"。即便学生承认，除了制定惩罚规定以外，几乎不可能阻止潜在的盗窃行为；但在接下来的一年里，讨论的焦点已经彻底转变，更多学生比之前更愿意表达想法，多数学生似乎都将希望寄托于科尔伯格所构想的社群愿景之上。

> 菲利斯：她的钱没了是我们每一个人的错误，因为她的钱被偷的原因是我们不关心这个社群。（他们认为）他们都是独立个体，不必被纳入社群之中。每个人都应该关心她丢了钱，（因此）我们（菲利斯咨询小组的学生）决定把钱还给她。
>
> 鲍勃：有人偷了钱，这很糟糕，但是对我而言，因为有人丢了钱我就要为此付出代价，就如同有人抢了银行，而银行老板来敲我家

---

① F. C. Power, A. Higgins, and L. Kohlberg, *Lawrence Kohlberg's Approach to Moral Education*, New York: Columbia University Press, 1989.

的门让我为此付钱，这太荒谬了。

艾伯特：你对社群的定义是什么？

鲍勃：我对社群的定义是在这里的所有人都能够互相帮助，但是我并不是说要把钱分出去。

艾伯特：钱丢了、被偷了或无论什么情况，不见得是要把钱还回去，而是大家一起齐心协力来帮助社群中的个体。我认为这才是我们真正要做的"社群第一要务"，此事与钱财无关，而是关乎社群行为。

佩吉：我认为，如果鲍勃对给莫妮卡（Monica）这15美分如此在意的话，他就不应该属于这个社群。我相信如果丢钱的人是他的话，他肯定会有完全不同的感受。他可不想丢失这9块钱，他一定会哭的。①

科尔伯格和我对菲利斯的评论非常感兴趣，因为她除了表达了自己的观点之外，还代表整个"联合学校"的社群利益来表达看法。根据科尔伯格的道德发展阶段性理论，菲利斯不仅将偷盗问题视为具体的财物丢失问题（第二阶段），而是将其视为人与人之间相互关心的缺失问题（第三阶段）。很明显，艾伯特与佩吉出于同样的原因赞同菲利斯的观点，也处于第三阶段。科尔伯格和我发现，总体上看，与第一次会议相比，第二次会议中处于第三推理阶段的人数更多，这些证明，该群体的模态阶段已经从第二阶段发展至第三阶段。然而，这种对两年之间变化的描述，并不能完全展现出菲利斯、艾伯特和佩吉的观点是代表整个联合社群而不仅是个体利益。菲利斯说，"每个人都应该关心她的钱被偷了这个事实"，并且之前她还说，发生偷窃是"每一个人的错误"。很明显，对于偷窃问题，菲利斯表达的不仅仅是自己的观点，她所表达的是一种准则，她认为这种准

146

① F. C. Power, A. Higgins, and L. Kohlberg, *Lawrence Kohlberg's Approach to Moral Education*, New York: Columbia University Press, 1989, pp. 113-114.

则将同学作为独立的个体和社群成员而统一起来。

此外，菲利斯不仅建议社群应该采取科尔伯格早些年曾提出的信任和关心准则，还假定社群已经接受了这些规范并且对没能践行这些规范的成员表示失望。菲利斯、艾伯特以及佩吉的观点显示了"联合学校"的文化已经发生了彻底改变。在这一年的时间中，"联合学校"似乎已经从一个对公共生活仅有较低渴望的个人集合体转变成为一个成员彼此关爱、互相信任的社群。

那么我们如何能确信菲利斯和其他几个人就能代表更广泛的群体？在"联合学校"中还存在像鲍勃这样不理解且不同意菲利斯、艾伯特以及佩吉所提出的"社群"概念的人。我所能期望的最好结果是有越来越多的学生能够共享"联合学校"的愿景且努力实现这个愿景。每当有班级毕业或者新班级形成时，大家就会讨论这种愿景，并再次协商群体规范。仔细回顾第二次会议，大部分学生都站在菲利斯、艾伯特和佩吉这一边，且多数成员都投票支持菲利斯提出的赔偿想法，这让我们感到欢欣鼓舞。那一年，对学生的访谈也证实了菲利斯的观点代表了大多数学生的心声，同时形成了对于"联合学校"社群成员内涵理解的共识。

结　论

正如我在苏珊帮助同学抄袭问题的案例中所阐述的，教师不习惯要求学生通过为有价值的理想作出奉献来建设社群，并依托这种方式与学生一起思考并探讨有关纪律和学校生活方面的事宜。而具有讽刺意味的是，鲍勃将学校描述为银行正是对传统学校的真实写照。我们为了工具性和自利性目的走进银行，银行不会要求我们对其他任何人或是银行的福利负责。学校越像银行，对于促进道德发展就显得越无力。我们在"联合学校"中开展"公正团体法"以及其他后续项目所获得的经验显示，学校不必像银行一样，完全可以进行文化的超越。

　　有人会问"公正团体"项目对学生的影响是否是暂时性的，这种方式能否超越时间及特定环境的限制，为什么要在一个特定学校中关注集体规范的建立？学生离开这个社群后又会发生什么？我认为，道德社群中的民主参与经验能够有效培育民主进程中的普遍信任及"共同善"的承诺。目前，存在一些量化研究支持我的观点。格雷迪（Grady）发现，十年后，这些毕业于"联合学校"的校友与同龄人相比，对政治和国家事务更感兴趣；对参与当地选举投票活动更加积极；对当地政府决策更加关心；并且更愿意与社群中的其他人一起合作解决社区问题。①

　　为了促进公立学校的品格教育发展，目前联邦政府、各州及各地区均肩负着前所未有的责任。随着各种项目计划的蓬勃发展，我们要小心提防那些以各种抽象、肤浅的方式对美德进行宣扬，却又不能真正触动学生的心灵和思想的教育。我们也需要敏感地发现一个事实——这些项目所支持并推行的价值观往往并不是学校的制度化生活与文化生活所反映的价值观。我们也要注意到，虽然我们生活在一个民主社会中，但是我们的学校却不是民主学校。如果"公正团体法"在今天看来很激进，那是因为如今的学校并未呈现出其应然的状态，且我们的校长和教师也并没有为其应该发挥的角色功能做好准备。在某种意义上，"公正团体法"是根本而彻底的，因为其深深植根于民主原则和国家赖以存在的社群之中。我们应该像科尔伯格一样，使我们的学校变成一个"小共和国"，让我们的学生处于更高层次"善"的追求之中，并以此来促进道德责任和公民参与的发展。

148

---

① E. A. Grady, *"After Cluster School：A Study of the Impact in Adulthood of a Moral Education Intervention Project"*, Harvard University, 1994. 引自未出版的博士论文。

第八章　谁的价值观

安妮·科尔比（Anne Colby）

　　两股有力的洪流正将当代美国高等教育推向不同的方向，其中，更有力量的一支是高等教育的专业化及商业化趋势。这股潮流直接催生了为应对市场压力而出现的教育产业，将主要精力集中于为培养适应美国工业发展的劳动力而做准备，教授给学生在经济领域竞争的技能，使他们过上更舒适、富足的生活。在这种模式中，学生被视为消费者，他们为了获得未来的经济效益而将时间和金钱投资于高等教育中。这种日益强大的商业模式的高等教育被注入了企业界的价值预设、话语方式及管理政策，包括市场营销与市场研究、企业管理策略以及积极的公共关系活动。这种高等教育观是对高等教育目的理解方式的长期历史变化中的一部分——从之前

的公共目标转变为更倾向于个体化、技术化、道德漠视化的目标。

　　当高校正在向这种专业化以及狭隘的市场驱动方向发展时，我们也发现了一种持续高涨的势头——更为关注高等教育能够为构建更强大的社会、建立更具回应性的民主制度以及培养更积极参与的公民所作出的贡献。来自学校内外的批评声音形成了一种复兴高等教育公共目标的呼声，包括促进学生的道德与公民成长、技能培训及更严格精细的智育学习。而全社会对于公民，尤其是年轻人对公共生活疏离程度的担忧，也进一步强化了这种呼吁的紧迫性。

　　我认为，对高等教育朝向企业与利己主义方式发展的深度担忧，存在一定的合理性，我们需要支持这种发展，但同时更加关注其社会职能方

面，使高等教育成为强化美国民主的一种力量。借鉴商界中的理念与实践也许能在某些方面提升高等教育的效率与效果，这无疑能使学校更加敏锐地回应学生的利益需求。然而，过分依赖企业模式，可能会造成掩盖营利性企业与非营利性教育结构之间差别的风险。尽管"财务可行性"是高等学校持续存在的重要前提，但如果被作为制定并评估学校重点事项与相关政策的最高标准，这种对于教育目标的狭隘理解，将会影响人们对于高等教育重要学习成果及公共目标的关注。

很多社会机构承担着教育公民的重要职能，其中，宗教组织、志愿组织、媒体以及中小学教育最为关键，而高等教育则是重中之重，因为高校承担着通过研究与学术活动引领新的认识、发展深层理解的责任，同时需要向新一代传授知识、技能，帮助他们理解个体与集体努力对于创设未来的意义，并做好准备。由于高等教育所涉及的人群范围越来越广，其作为一种社会正面力量的机遇也越来越大。高等教育是塑造个体之间、个体与社群之间关系的一种有力影响，我们需要确保这种影响力是建设性而非解构性的。毫无疑问，高等教育已经开始回应这些关注，为了响应"复兴并重建公民参与和社会责任"的号召，高校开始更加直接地参与到解决当地社区存在的社会问题的努力中。例如，发展与当地学校的关系或创办探讨政治与政策问题的公共论坛。

除了这些制度性参与，一些高校开始更加重视涉及公共服务、公共参与和领导力、人文价值观与行为、伦理价值观与行为等方面的学生表现。这些均体现在为促进学生的道德与公民责任发展而设计的课程与课外活动中，例如贯穿课程的伦理道德、服务学习、春假活动等社区服务项目。

教育方面的领导已经构建了一系列支持这些工作的国家组织体系，其中，最为显著的是关注服务学习的组织，如"校园联盟"计划（Campus Compact）①以及由国家服务组织（Corporation for National Service）倡导支持的"学习

① "校园联盟"计划（Campus Compact），1985年由乔治城大学和斯坦福大学的两位校长联合发起，以推动大学校园服务学习。目前全美各高校校长共同倡导学生参与该项目，合作教育机构超过1100所，拥有全美1/3的大学会员。——译者注

与服务高等教育"项目（Learn and Serve Higher Education）①。除了这些专业化组织的发展，高等教育的国家性组织如美国高校协会（Association of American Colleges and Universities）以及美国高等教育协会（American Association of Higher Education）均将对这些活动的关注作为中心议题。关于这些项目的切磋交流工作正在进一步扩展，目前已多次召开关于高校学生价值观以及公民参与教育研究等方面的全国性学术会议。

152　　　然而，尽管这些活动恢复了高等教育所强调的公共目标，大量激烈的反对意见仍然存在。目前教育作为个体发展的一种商品，这种趋势是否能够通过这些活动得到缓和，则是一个十分重要的问题。高等教育可能会继续偏离作为一种公益性教育机构的支柱作用，朝向受市场驱动的教育培训方向发展，忽视学生作为个体及公民的道德教育与公民教育。许多观点不断指出，高等教育的道德与公民培养目标在当代社会已然成为过气之物，应该被抛弃。这些争论四处蔓延，企图将高等教育的公共目标扼杀在萌芽状态，或者至少在学术生活中将其边缘化。而本文将竭力证明这些反对意见是不当的，甚至是错误至极的。

争论一：高等教育不应关涉价值观问题

　　在各种声音之中，争论之一是"高等教育不应该涉及价值观问题"，这种观点认为高等教育应该保持价值中立，只传授知识与技能，而将道德与公民价值观问题保留给家庭、教会以及政治机构。尽管这些争论乍看之下貌似合理，仔细审视后，我们会清楚地发现，教育机构不可能保持价值中立。数十年间，诸多教育者已经认识到学校中隐性课程的重要作用以及

---

① "学习与服务高等教育"项目（Learn and Serve Higher Education），由美国国家与社区服务组织于1993年发起并资助，旨在为全美学生（从k–12至高等教育的学生）提供参与服务学习项目的机会，在服务社区的同时，帮助学生获得宝贵的实践经验。——译者注

其所承载的道德信息的力量①。隐性课程（大多是未经审查的）是学校与
教师通过维持纪律、给予分数评价及其他奖励、管理自身与学生关系以及
彼此之间的关系而付诸的实践活动。尽管大多数关于隐性课程的研究指向
了中小学教育，但也同样应用于高等教育中。如果高校学生发现，学校鼓
励教职工仅仅追求个人职业声誉，而非关爱他人以及教育机构；如果他们
受到竞争环境的涵濡浸渍——一个学生的成功必然导致他人的失败；如果
他们直面学校制度的虚伪，他们将会成为愤世嫉俗、自私自利的人。而另
一方面，如果教师都十分诚实、公平、关爱学生、严谨治学，则他们是以
另一种有力的方式在教授道德课程。

除了师生关系中所体现的价值信息，个人主义、物质主义所传递的
信息在各高校广泛的制度文化与同侪文化中越来越盛行。高等教育的商
业化，包括企业对学校教职工及学生研究项目的资助，承担某些课程的
费用，在网站刊登广告信息，以及可口可乐、百事可乐等饮料在体育运
动及其他活动中独家提供的赞助专属权等。尽管这些做法为学校带来了
一些利益，但同时也强化了渗透在普遍社会文化中的物质主义及重商主
义基调。很少有人会否认商业利益对于高校非正式学习语境的影响——
大学生沉浸在电视、电影、音乐及其他媒体包围的环境中。高等教育在
强调这些文化趋势时，似乎呈现出价值中立的迹象，但现实显然并非
如此。

各个学科中所体现的价值预设也对学生个体价值参照体系的塑造起
到一定的作用，尽管这些预设往往是未经审查且难以察觉的。例如，经济
学和大多数政治学领域研究的主流倾向，是一种建立在理性选择假设之上
的行为模型，在这些科目的教学中，这一模型很少受到批判性分析。这种

---

① Lawrence Kohlberg, "Indoctrination and Relativity in Value Education," *Xygon*, 1971
(6), pp. 285-309; P. W. Jackson, *Life in the Classroom*, New York: Holt, Rinehart
and Winston, 1968; G. D. Fenstermacher, "Some Moral Considerations on Teaching as a
Profession," In J. Goodlad, R. Soder, and K. Sirotnik, eds., *The Moral Dimensions of
Teaching*, San Francisco: Jossey-Bass, 1990, pp. 130-154.

关于人类行为的模型，假设个体总是追求个人利益的最大化，而社会现象
则是个体运用这种自利策略的集中反映。其他领域，诸如生物社会学以及
心理学分支等其他领域的理论研究也促成了相似的视角，同样从一种自利
性或机械论角度对人的本性进行假定。然而，对这些行为模式不加怀疑地
绝对依赖可能导致自利性的常态化，从而形成一种普遍性的看法——个
体在根本上总是受到自利因素的驱动，利他精神及对他人利益的真正关
心只是一种虚假的幻影，如果不能在战略上使行为满足利己目标则是愚
蠢的①。

在文学、遗传学、工程学以及商学等宽泛的学科领域中，道德问题
通常是教学素材中不可或缺的一个部分，而不涉及这些问题的教学本身
则是为了适应这种复杂、多维的物质世界而形成的一种特殊形式的课程。
詹姆斯·雷斯特（James Rest）、穆里尔·比博尔（Muriel Bebeau）、珍妮
特·沃尔克（Janet Walker）等学者已经在文章中探讨过"解释"与"敏
感性"在道德理解与行为问题中的核心作用。② 在珍妮特·沃尔克近期
发表的一篇文章中，她探讨了大多数生活情境中存在的固有模糊性所带
来的影响，这些情境的道德意义往往因为现实中可获得的事实而消减。
为了发掘这种意义，并使这些模糊性清晰化，人们需要促进"道德解
释"与"道德直觉"这两种习惯的发展，而这两者也是人们认知世界的
方式。事实上，具有不同道德解释习惯的人们，尽管会有一些共性，却
生活在不同的世界中，而这些不同世界正好代表着不同的机遇与必要的
道德行为。

---

① 经济学领域关于该问题的探讨，参见 Myra H. Strober, "Rethinking Economics through a
Feminist Lens," *American Economic Review*, 1994, pp. 143-147。

② 参见 J. Rest, *Development in Judging Moral Issues*, Minneapolis: University of Minnesota Press,
1979; M. J. Bebeau, "Influencing the Moral Dimension of Dental Practice", In J. Rest and
D. Narvaez, eds., *Moral Development in the Professions*, Hillsdale, N. J.: Lawrence
Erlbaum Press, 1994; J. Walker, "Choosing Biases, Using Power and Practicing
Resistance: Moral Development in a World without Certainty," *Human Development*,
2000, 43 (3), pp. 135-194。

在学生的本科生涯中，他们曾一次次邂逅涵盖突出道德问题的课程 155
教材，但在多数课堂上，这些问题一贯被视为与理解教材无关的内容，因
而被搁置起来。这些情况导致了一种系统化却又无意识的道德解释的习惯
训练——使学生在面对诸多情形所隐含的道德问题时，故意视而不见。在
这些及许多其他方式中，教育机构向学生传递价值观与道德信息，这往往
是无可避免的，然而，面对这种事实，教育机构应该对这些价值观加以审
视，更有意识、更仔细地选择要向学生传递的信息内容，这种做法似乎更
加可取。这使我们再次陷入一种争议中，既然要作出这种选择，教育机构
就不得不面对我们社会、教职工以及学生群体的多元性本质。

争议二：谁的价值观

在培育责任公民的过程中，一项能够维持表面价值中立的做法是培
养"价值中立"或"无特定内容"的知识学科技能、批判性思维以及分析
推理能力，这些能力始终是高等教育学术认同的核心。尽管促进公民参与
发展通常被视为一种安全的价值中立，因此在理论上受到了相对宽容的对
待；但在实践中，却显示出蕴藏在其后的政治意识形态问题，因此开始招
致反对。其中，最激烈的反对声音是关于道德、品格、价值观以及公民参
与和公民责任感的培育途径。"道德"这个词一经使用，关于"谁的价值
观"的问题、"灌输"的假设臆断以及"这不是高等教育应该具有的职能"
等抱怨就随即纷至沓来。

然而，为什么不将焦点集中于发展合格公民所需要的技能——如批
判性思维等毋庸置疑的重要能力上，为什么不将价值观与道德的发展保留
至私人领域内？我和同事均认为这既不值得期待，也不可能实现。假设培 156
养学生的分析思维能力、无私的科研学术专长对于培养具有责任感、甘于
为社会共同利益奉献力量的公民来说已经足矣，但实质上，这个假设回避
了这种做法的动因，且全然不顾在当代社会，尤其是年轻人中普遍存在的

"公民与政治脱离"（civic and political disengagement）问题的事实。大量例证表明，接受这种教育的学生更倾向于选择将其所获得的分析技能与专业优长应用于个体自我发展中，而且这里所描述的教育方法并不一定能扭转这种趋势。

我们是否能够将关注聚焦于公民责任教育而避免提及颇受争议的道德价值观领域？这一举措或许并不奏效，因为关于民主参与的教育必然关涉道德问题。我们的民主原则，包括宽容大度、尊重他人、程序公正以及兼顾个体利益与群体福利等，都建立在道德原则基础之上。

同样，"依法参与型公民"会面对的问题通常涉及典型的道德主题——例如，获取住房等资源的公平机会，在制定环境政策时考虑后代需求的道德义务，在参与社区决策时考虑多元利益主体相互冲突的需求。如果不考虑道德因素，上述问题没有一个能得到充分解决。即便缺乏良好的判断能力与强烈的道德指引，个体也有可能成为热心公益、积极参政的人，却很难实现明智参与。因为公共责任不可避免地与道德价值观交融在一起，高等教育必须致力于"道德成熟"与"公民成熟"的双重培养，并用教育的方式直面其中的各种联系。

这将我们引入了第二种针对大学生道德与公民教育的普遍反对意见——因为我们生活在多元化社会中，因此不存在任何合理的方式来决定哪一种（谁的）价值观应该被传递。这种反对声音一般以两种形式呈现：一是具有不同文化背景、习俗传统、宗教信仰以及政治观点的人所共同构成的当代美国社会的多样性；二是人们认识到在某一特定文化传统中，仍然存在很多关于道德、公民、政治、宗教问题的合理差异与不同意见。

提出这些关注点时，对"多元主义"与"道德相对主义"进行辨别显得至关重要。道德的多元论观点认为，存在两个及两个以上不可共量的道德框架是合乎情理的，但这并不意味着任何可能的道德框架都是正当合理的，而是存在很多正确的道德框架，且不可能被简化为一个单一的系统。相比之下，道德相对主义认为，并不存在辨识不同道德立场的依据，一种道德框架并不比另一种框架具有更高（或更低）的合理性。在这种意义上，极少存在关于道德与公民教育的批判是出于相对主义论的。如果存在，他们所提出的关于大学不应该向学生灌输任何一种价值观的观点将不具备任何可信度，因为这种观点本身就是一种道德要求，他们假定自己可以依据道德理由进行论证辩护。

多年以来，人类学家记录了世界不同文化中存在的复杂多元的准则规范（人们做了什么或坚信应该做什么存在着多样性）。一些学者认为，这种准则的多样性是肤浅的，一旦其意义被理解，将简化为一种所有文化所共有的潜在道德原则。另外一些学者则试图证明文化的多样性反映了道德观念的根本差异，因此，在某一种文化中至关重要的价值观念，可能在另一文化中并不具有如此突出的核心作用。学者理查德·史威德（Richard Shweder）在进行大量实地考察工作后，依据相关文献证明了一个事实——诸如"自治"、"个体权利"、"公正"等道德观念，在美国及欧洲的道德概念中居于核心位置，却在印度等其他文化中，被"职责"、"牺牲"、"忠诚"等其他更复杂的观念所掩盖而黯然失色①。然而，需要重点强调的是，即便人类学研究收集记录了道德价值观中存在的文化差异，仍然存在被视为终极"道德善"（moral good）的范围边界；即便在迥然不同的道德观念中（尽管未被强调），仍然存在具有共通之处的价值观。在相互冲突情况下，道德参照系中存在的差异应该被视为——不同价值观所形成的一套基本价值观体系在排列次序上的区别，以及其中哪些价值观在实践中更为突显。即便是相信在跨文化中存在根本"道德异质性"的人类学家，也并不都相信极端的或者不合理的文化相对主义。因此，即便是完全迥异的（以及在根本上不可比较的）道德视角，也是建立在人类所共有的"道德善"与"德性"构成的基本体系之上的。一般而言，在一个国度中，这些共通性将更加强烈，即便是在美国这样文化异质、社会多元的国家也

---

① R. Shweder, "True Ethnography: The Lore, the Law, and the Lure," In R. Jessor, A. Colby, and R. Shweder, eds., *Ethnography and Human Development*, Chicago: University of Chicago Press, 1996, pp. 15-52.

是这样。

当我们认识到共同价值观往往会彼此冲突，且发现个体与亚文化群通常会对其进行不同的等级划分时，我们应该如何认识"道德共通性"或"共同价值观"为美国高等教育机构达成共识所形成的基础？美国高等教育共同认可的核心价值观的一个重要来源是大部分高校对公民教育责任的认同，即便在很大程度上，这一点并未落实到高校实践中，但这种职责在公立教育机构中仍然十分显著。不仅如此，私立高校也受到了公共支持，只要能够获得免税地位，几乎所有的高校都会在教育宗旨中提出服务社会、培养未来领袖的职责。"帮助公民为参与民主社会体系做好准备"这一职责含蓄地说明，一些价值观，包括道德价值观在内，应该呈现在这些教育机构的教育目标中。这些价值观的内容包括：相互尊重与宽容，关心个体福利及社会福祉，每个个体均是整个社会结构的一部分，公共职责、理性对话以及程序公平。

各高校的教育与学术使命也包含一系列核心价值观，很少有人会反驳高等教育应该体现"学术诚信"与"追求真理"的价值观。尽管这些引导在实践中可能并不完美，但如果不能用这些价值观来引导学术、教学以及学习活动，学术机构将遭遇致命损失。在高等教育及学术体系中，思想开放、乐意倾听、尊重他人意见、对争议问题展开持续讨论是同等重要的价值理念。

除了这些由高等教育的公民教育与智育目标所衍生出来的通用核心价值观体系，一些私立大学（以及一小部分公立学校）提出了一些更具体化的道德、文化以及宗教价值观。这些教育机构的特殊使命以及教育项目的意义需要向未来的学生及教职工阐释清楚。一个最明显的例子是，宗教性质的高校经常进行各宗教教派的信仰教育，在公立教育机构中，军队院校的任务是培养军官，因此他们的价值观也是基于这一目标设定的；而其他公立学校是为服务其他特殊人群而建立的，如（美国印第安人的）部落学院往往会明确提出特殊的价值观，如在其课程及教育项目中体现的传统部落价值观。

如果教育机构中具有广泛的价值共识，并且这些价值观受到了极大的重视，则会为高等教育中的道德与公民发展项目提供有力指导原则。而学校对于这些原则在特殊情形下的应用仍然给予了开放讨论的空间，尤其是在那些承诺支持理性公共讨论的代表性教育机构，高等教育能够也应该给予这个最棘手的问题——关于相互冲突价值观的探讨，公开交流探讨的空间。道德与公民教育正是为这种争鸣提供了工具。这也意味着我们无需着手在最棘手也最受争议的问题上获得一致认同，即价值观之间的冲突问题，这也使得在"原初核心价值观体系"上达成共识成为可能。

一些批评意见认为，一般而言，这种本科生教育途径是一种不错的方式，却担心道德与公民教育在实践过程中会背负不被认可的"政治与意识形态包袱"。这些担忧来自于政治谱系的各个方面，诸如"道德"与"品格"这类词语，增加了人们对于保守主义所带来的影响作用的担忧；另外，保守主义所提及的"社会公平"或"社会变革"可能会引发自由主义政治议程的恐惧。因此，十分重要的是，我们应该对抑制观点多样性的教育实践保持警惕，一旦其肆虐，将难以在道德伦理层面及教育层面进行防御。然而，就个人经验而言，大多数参与高校道德与公民教育的人士已经意识到这些危险，并小心谨慎地防止这些弊端发生。

在卡耐基教学促进基金会（Carnegie Foundation for the Advancement of Teaching）的一个计划项目中，我和同事一起访问了一些将道德与公民教育作为学校工作重点的高校，并对更多相关工作进行了考察。访问过程中我们发现，即便是专业化程度极高的学校，也十分注重广泛听取不同意见、鼓励学生发问质疑并深入思考主流制度文化中存在的价值预设，不同学校在这些方面的高度一致性让我们感到颇为惊讶。弥赛亚学院（Messiah College），一个严格的基督教会学校，学生在入校时，通常并未对自己的信仰产生质疑，对其他教派的人也毫不了解。学院承担着帮助学生探索理智与信仰之间关系的重任，努力使学生奋发振作，鼓励他们独立思考，并将他们从自己的安乐窝中拽出来。在美国空军军官学院（United

160

States Air Force Academy），学生明白自己未来的军官角色需要服从于军队指挥与军中纪律，但他们也同样学习过应该如何反抗违法命令。这意味着军校学生需要发展成熟的能力，即便身处军队指挥系统内，也能在复杂环境中独立判断。在波特兰州立大学（Portland State University）——一所俄勒冈州政治自由之都的城市研究中心，教职人员在教授服务学习课程时定期组织会面，探讨应该如何确保关于道德、政治、政策问题的交流能够听取所有不同的声音。

我们所访问的每一所学校，共同关注的一个核心是培养学生的一些能力，以防止他们受到某一特殊政党路线的影响，这些能力包括开放思辨、高效交流、广纳贤言、思路清晰、批判性思维以及不同观点之间的道德对话能力。除了"荣誉准则"制度明确指出坚持诚信标准的要求，在自觉意识方面，学校中的核心教学方式及其他教育项目对于公民与道德责任的培养均是非强制性的。部分原因是由于学校鼓励学生独立思考，而据观察，学生似乎并未因为某一名教师或者其他学生试图将自己的观点施加给他人而产生抵触情绪。我们没有调研到的个别学院或学校中，可能会存在滥用这些原则的现象。然而，这种情况的发生与学校是否将"学生道德与公民责任的发展"作为一种明确目标并无直接联系。积极促使相关努力变得更显性化、更自发自觉，使高等教育的相关实践进入公众视野，与各种不同类型的高校一同参与关于这些实践的全国性对话，似乎要比努力创建一个价值中立的教育机构更能减少批评者对于权力滥用问题的担忧。通过深入探索我们会发现，公开争论并探讨相关问题的方式，应该准许我们超越意识形态的界限，重新斟酌"道德"、"品格"、"爱国主义"以及"社会公正"这些概念，公开交流它们的意涵以及这些内容对于我们解决当代社会中的复杂难题的启示。

一些批判观点指出，道德与公民教育将价值观武断地强加给学生。而具有讽刺意味的是，在学生的一生中，这些基于价值观的博雅教育却是防止学生受到灌输的最好保护。我们应该促进学生批判性思维能力的发展，使他们开放思想、乐于追求理想、坚定信念并期待他人同样如此，鼓励他们成为知识渊博且习惯于思考道德、公民、政治问题的人，帮助他们在最有利的位置独立思考自己的立场与责任。学生越多思考这些问题并学习进行深入探讨，则他们受到灌输影响的可能性就越小。

争议三：高校进行道德与公民教育为时已晚

另一种针对高等教育阶段道德与公民教育的普遍反对声音是，与20世纪早期相比，目前人们更倾向于将大学生视为成人。随着能够接受高等教育的群体越来越庞大，高校学生的整体形象已经发生改变。第二次世界大战以前，高等教育的主导模式是一种"对来自富裕家庭全日制学生进行教育"的寄宿制私立教育机构，而目前，这种方式只是美国本科教育中的一小部分，超过3/4的本科生是走读学生。① 现在，多数本科生几乎不是从高中直接升至大学，他们通常比先前的学生年龄更大，既从事兼职工作、同时也是学生，并且他们中的很多人已经结婚甚至为人父母。因此，在高等教育阶段培育学生的道德与公民责任时，需要将这些现实因素考虑在内。

这样一种持续增长的年龄多样性特质与另一种趋势共同标识了当下163高校学生的成人身份。20世纪70年代初以前，很多寄宿制高校是以"代替父母制"方式运行的，即在管理学生方面充当父母角色，通过实施"宿舍管理时间规定"及制定各种关于行为方面的条例来实现这一角色。这种"准父母角色"的核心目标是确保学生遵守社会道德规范。随着六七十年代，学生政治化程度加剧，他们要求被视为成人对待，对自治与自我管理的需求更高。在不到十年中，几乎很少有高校还在实行"代替父母制"政策。这种转变与不断增长的学生年龄及他们生活环境的多样性，意味着为

---

① U.S. Bureau of the Census, *Statistical Abstract of the United States*：*1998*，118th ed.，Springfield，Va.：National Technical Information Services，1998.

了适应各种要求，大学生大多被视为成年人而非青少年①。

这导致一些批评意见随即产生，认为在大学阶段对学生价值观与品格施加影响已经为时已晚，因为那时道德品格早已全面形成。一些研究结果已经充分证明这种假设是不正确的。首先，根据传统，本科生的年纪介于 18 岁到 22 岁之间，所有著名的发展理论学者均指出，这一时期通常被认为是成人过渡期——道德与思想的探索、酝酿以及巩固强化的最佳时期。② 在人生中的这一时期，年轻人开始质疑认识论层面、道德层面、政治层面以及宗教层面的预设判断，作出重要的职业、人生选择，并且重新审视关于他们是谁以及什么是重要的等问题。可以说，没有任何时机比这一时期更适合大学生的道德成长。

对年纪稍长的学生而言，近几十年来的相关心理学文献对"成人及其终身化发展"问题进行了广泛的研究。尽管童年及青少年时期的体验对塑造个体的道德判断、认同以及行为具有重要作用。十分清楚的是，很多人的道德发展一直很好地延续到成年时期。在科尔伯格的道德图示中最复杂的道德思维水平阶段，即后习俗水平的道德判断直到成年初期才发生，且一直延续到正式教育末期，而对于那些持续参与挑战道德思维活动的人

164

---

① 我们发现，第二次世界大战后，尤其是《退伍军人法案》(*GI Bill*) 被通过以后，美国高校一直存在一些年龄偏大的学生。即便如此，直至近几十年，公众脑海中关于高校学生的主流印象还是一群"未能准备好对自己负责的年轻人"。因此，一些颇具影响力的心理学家，如艾里克·埃里克森 (Eric Erikson) 及玛西亚 (Marcia) 等，将这一处于青年与成年之间的阶段称为"延缓期"(moratorium)。参见 E. Erikson, *Identity*, *Youth*, *and Crisis*, New York: Norton, 1968; J. E. Marcia, "Identity in Adolescence," In J. Adelson, ed., *Handbook of Adolescent Psychology*, New York: Wiley, 1980。

② E. Erikson, *Identity*, *Youth*, *and Crisis*, New York: Norton, 1968; William Perry, Jr., *Forms of Intellectual and Ethical Development in the College Years*, New York: Holt, Rinehart, and Winston, 1968; Lawrence Kohlberg, *The Psychology of Moral Development*, San Francisco: Harper & Row, 1984; J. Loevinger, *Ego Development*, San Francisco: Jossey-Bass, 1976。

而言，这种判断持续的时间甚至更久。①

　　类似的研究结果同样出现在关于"道德认同与行为"的研究中。在一个关于"道德典范的高度奉献精神"的调查研究中，威廉·戴蒙和我发现，这些模范直到成年时期，才展示出这些体现其生命价值的独特道德承诺。②例如，我们记录了一名自认为在30岁之前还是种族主义者的妇女，却因为几年中的一系列体验转变，在步入40岁之前成为了一名黑人公民权利运动的领袖。同样，另一位在生意上十分成功的商人，更确切地说，道德意义上的普通人，在中年时期却成为了一名努力维护穷人权益的倡导者，他将大量的时间和精力投入"为弗吉尼亚谷罗诺克地区低收入人群提供各种广泛服务"的志愿项目中。

　　即便人们在成年时期可能存在道德发展，仍然有人认为，试图在高等教育院校中影响成年学生的道德理解与行为方式是武断的。为了回应这种反对意见，我询问了一些本科生并试图了解，协助他们更清楚地思考具有挑战性的道德困境、以一种理性严肃的方式促使他们参与各学科中所出现的道德问题的交流与探讨，以及帮助他们参与社区服务，并反思在此过程中学到的内容是否是武断的；要求学生在学校社区内坚持关于学术诚信以及其他涉及诚实、尊重问题的崇高道德伦理标准，成为对当代社会、政策以及政治问题感兴趣的博闻强识的人，参与有关学校及社区问题的公共对话与探讨，并借此机会践行他们所珍视的道德信念，是否是武断的？从这个角度来理解，道德与公民教育似乎不仅对接受高等教育的成年人适用，也适合所有的成人。公开讲演、社区论坛、公共广播电视、教会与政党成员、剧场及博物馆展演的文化活动、"匿名戒酒互助社"等自助群体、

①　A. Colby，L. Kohlberg，J. Gibbs and M. Lieberman，"A Longitudinal Study of Moral Judgment," *Monographs of the Society for Research in Child Development*，1983（48），pp. 1-2；J. Rest，D. Narvaez，M. Bebeau，and S. Thoma，*Postconventional Moral Thinking*，Mahwah，N.J.：Lawrence Erlbaum，1999.

②　A. Colby and W. Damon，*Some Do Care：Contemporary Lives of Moral Commitment*，New York：Free Press，1992.

探讨书籍电影的兴趣小组等，均为享受美好大学时光的成年人提供了促进道德与公民发展的持续性教育机会。因此，我认为，每一个试图深化个体与集体理解的社会机构，包括媒体、宗教、艺术机构等，都具有促进道德与公民学习的责任。

争议四：大学生是职业培训的主要消费者群体

另一种反对大学生道德与公民教育的声音来自于之前所探讨过的一种趋势——将高等教育视为学生为了获得未来赚钱能力而投资购买的一种商品。这种观点认为学生是愿意为职业准备而非道德与公民教育买单的消费者。诚然，学生（及家长）通常认为大学教育的根本目的在于为职业生涯做好准备，即便是在小型文理学院中也是如此[①]。此外，绝大多数本科专业集中于某一特殊学科的原因主要在于学生相信这是为他们提供高薪就业机会的最快捷、最安全的途径。因此，这也使得商科专业是美国高校中排名第一的专业。十分清楚，"为未来职业做好准备"是高等教育一项正确且重要的目标，然而，这一目的不应与高等教育的其他目标一较高下或完全分离。高等教育机构具备得天独厚的优势去鼓励学生将职业作为一种比单纯的追名逐利更广阔、更具潜在丰富性的事业。作为智育性社区，高校的特殊本质为其提供了将学生的职业目标嵌入更广泛、更具意义的社会框架中的机会。

职业准备不应该被视为区别于学生道德与公民责任发展的一种努力。工作是多数成年人生活的核心，也是使我们获得奉献机会的一个主要领域，使我们能够更广泛地为他人福利及社区需要作出贡献。工作是寻找生命意义的最重要的几个场所之一[②]。鉴于这些原因，将对伦理层面、社会

---

① R. H. Hersh and D. Yankelovich, "Intentions and Perceptions: A National Survey of Public Attitudes toward Liberal Arts Education," *Change*, 1997, 29 (2), pp. 16-23.

② A. Colby, L. Sippola, and E. Phelps, "Social Responsibility and Paid Work in Contemporary American Life," In A. Ross, ed., *Caring and Doing for Others: Social*

层面负责任的职业实践的关注融入一切教育规划中，并将学生对于职业的感悟置于更广泛的社会与知识背景中来深入理解是至关重要的。实际上，高等教育有助于将工作转变为一种强烈的职业使命，并且学生将会因此而更加受益匪浅。

争议五：道德与公民教育会造成知识缺憾

关于大学生的道德与公民教育，一个经常被提及的问题是：如果学校以这种方式扩展教育目标，学生的学业学习是否会受到损害。若要使道德与公民教育切实可行，这项工作必须是思想缜密、方式有效的。在对道德与公民教育的课内与课外项目进行调查研究的过程中，我们发现很多学校在一些方面达到了最高质量标准，但在高等教育其他领域，我们同样发现了一些比较薄弱的项目。为了防止这些不均衡因素欺骗甚至离间学生，或者减损学校的公信力，即便一些高校的道德与公民教育目标是无可挑剔的，这些项目也需要接受严格的审查。我们同样需要发展创造性的评估研究工具，向感兴趣的公众及社会人士展示优质教育项目的特点，同时为优化无效教育项目提供参考。

我们相信，这项研究可以证明，最好的项目实际可以对学生的学业学习以及道德与公民责任产生有益的影响。在一项针对大量服务学习项目的评估研究中，亚历山大·阿斯汀（Alexander Astin）及同事发现参与服务学习对于学生的平均学分绩点、写作技能、批判性思维能力以及参与社区服务的责任感、自我效能感、领导力等诸多方面具有重要的助益作用[1]。艾勒

Responsibility in the Domains of Family, Work, and Community, Chicago: University of Chicago Press, 2001.

[1] A. Astin, L. Vogelgesang, E. Ikeda, and J. Yee, "How Service Learning Affects Students: Executive Summary," Los Angeles: Higher Education Research Institute, UCLA, 2000. Retrieved June 1, 2000, from http://www.gseis.ucla.edu/slc/rhowas.html.

(Eyler）与贾尔斯（Giles）在研究报告中指出，通过参与高质量的服务学习项目，学生的学业表现以及他们对于学习以及学习动机的自我评价都有
所提高，尤其是那些将服务内容与课程教材有效整合，伴随着对服务体验的结构性反思，并且具有挑战性的服务活动，使得参与其中的学生的自我提升感受更为强烈。① 另外，这项研究也表明较弱的社会服务体验并不具有这些积极效果。十分明晰的是，我们既需要发展评估工具，也需要确保所有这些工作的高质量性。

结　论

十分清楚的是，学生的价值观、公民与道德预设以及认同均是在大学阶段形成的。现在已经步入开启更自觉且更有意识的道德与公民教育的时代，我们需要仔细思索在这些教育机构中真正切实可行的目标与战略构架。从事这项工作的学校教职工与管理人员需要记录他们的构想与做法，并将其公之于众，以便使这些经验获得广泛分享与探讨。这将有利于公开批判某些具体实践，使各个学校可以从自己及他人的经验中学习借鉴。对这些教育项目进行公众监督，将是一种防止教育实践活动逾越合理界限的有效方式，能够有效促进本土化、全国性对话交流的深化发展，共同探讨关于应该做什么、如何最佳实现等问题。这些对话能够帮助大学教师和学生仔细思考学校道德与公民教育的困境，例如激烈争辩与关注他人感受之间的冲突。

在美国高等教育中，存在多种能够培养学生道德与公民责任的教育途径。迥异的目标理念、五花八门的实践项目、课内及课外活动，分别适合不同的教育机构。军事院校所构想的教育目标将与印第安人保留地的

---

① J. Eyler and D. Giles, *Where's the Learning in Service-Learning*? San Francisco：Jossey-bass, 1999.

社区学院在教育目标的构想上存在较大差异；一所非住宿制的公立性城市大学所选择的教育途径将与具有宗教背景的小型文理学院大相径庭。因此，每个学校需要根据各自最具优势的传统和历史来创新教育举措。然而，尽管存在这些多样性，仍然存在潜藏于有效的道德与公民教育之下的共同原则，即便是差异悬殊的教育机构，仍然存在大量可以相互学习借鉴的内容。

首先，道德与公民发展的智育核心是极其关键的。不仅包括批判性思维、以严谨的方式思考道德与政治问题（正如科尔伯格及其他人的发展性描述），也包括对涵盖政治经济体系、哲学中的本质性伦理观念以及全球化背景下美国历史文化遗产等内容范畴的深入理解。而这些均是人文科学教育的传统领域，同道德与公民发展息息相关。

其次，教育者必须深刻认识到，在道德与公民教育及通识教育中，认知或知识维度不能与个体意义、情感以及动机维度割裂开来。任何狭隘地将关注点局限于知识维度的教育努力都只是在自掘坟墓，因为这种方式不能促成学生持续性学习的发生。从理想意义上来看，大学阶段的道德与公民教育发生于学生的青年时期，需要采取一种统筹兼顾的整体性教育方法来影响整个学校的环境以及道德氛围，并在管理人员、教职工以及学生的同侪文化中创设一种校园文化氛围，使其围绕一套共同的道德教育与智育关注核心来支持"全人教育"。这种方式有力确保了以培养信任可靠、相互尊重、思想开放、关心他人福利、积极深入思考的公民为基础的道德理解与行为习惯的常规化发展。

这样一种全方位、整体性的方法对于形成一种融合道德与公民关注的持久认同尤为有益，且我们知道这种方法是解决问题的关键力量，能够帮助我们应对道德与公民参与中无法避免的挑战。在关于道德模范的研究中，威廉·戴蒙和我发现，十分有趣的是，那些在数十年间仍能维持极高道德责任水平的道德模范，在人格、职业以及道德目标方面并未与常人有很大差别。然而，他们通过道德目标来界定自己，并将个体意愿与自认为正义的事物完全结合起来。在弗吉尼亚谷罗诺克地区发展"反贫困"计划的商人卡贝尔·布兰德（Cabell Brand），我问他："当你思考这些道德目标、价值观念等时，这些东西是如何与你作为一个'什么样的人'联系起来的?"卡贝尔表达了自己对于"道德与人格完整性"的理解，回答说："嗯，它们是一个整体，具有相似性。每一天，每一刻，我是谁决定了我能做什么，我会有什么样的感受……对我而言，想要将'我是谁'与'我想做什么'以及'我（在这个计划中）正在做什么'分开，并不是一件容易的事。"[①] 而非裔美国妇女"韦德斯大妈"(Mother Waddles) 帮助底特律 (Detroit) 低收入群体的传教活动，与白人富商布兰德的计划一样享誉盛名。当谈及自己对于这份工作的恒久奉献时，她说："因为我的承诺不取决于住什么样的房子、穿什么样的衣服、挣多少钱，只要我能找到我可以做的事情，我就会去做。所以，无论我去哪儿，人们至少清楚我属于哪一类人，甚至不言自明，'我知道她在哪里，如果她健康地活着，一定会是一名传教士'。因此，我认为自己最大的成就在于寻找真我，并且清楚自己是谁，并因成为自己而感到快乐欣慰。"[②]

这样一种具有高度责任感的人，找到了一种将激励自己的事物与希望实现的理想有效结合的方式，并将二者融入"自己是谁"的核心意识中。这不仅实现了为他人提供优质服务的目的，同时也使这些道德模范个体的幸福感与满足感达到了一种极致的高度。很多人可能一生从未达到过这种完整人格的高度。对成年人而言，实现这样一种完整丰富的生活是最富挑战的心理任务。在传统意义上，人们认为高等教育议程中的一个合理部分是始于精神基础并将个体的终身职业视为一种使命。目前，是时候在当代框架下重新定义这种早期理念了，高校需要对"受教育者"的完整概念进行全新阐释。

---

① 参见 Colby and Damon, *Some Do Care: Contemporary Lives of Moral Commitment*, New York: Free Press, 1992, p. 304。

② 参见 Colby and Damon, *Some Do Care: Contemporary Lives of Moral Commitment*, New York: Free Press, 1992, p. 218。

第九章　民主社会中的道德与伦理发展

欧文·克里斯托尔（Irving Kristol）

　　我受邀撰写关于民主社会中的道德与伦理发展这一章节，这里，我想首先阐述一下自己对于使用"发展"这个概念的不安。"发展"是一个十分微妙的词语，极具中性色彩，因此它在定义我们与道德的关系上也十分模糊。虽然，我本可以轻松地将本章的题目拟定为"民主社会中的道德与伦理教育"，但为何并未使用"教育"这个概念？原因在于我们无法确定，根据任何一种具体的道德标准对年轻人进行规范约束是否是教育的一种正确功能，而"道德教育"这个术语本身也确实意味着这种具有管束性质的活动。与之相反，"发展"这个词语表明道德萌发于每个儿童的个体之内——更类似于智商，教育的目的在于鼓励他们充分发挥无限的潜能。依照这种观点，道德发生于个体，因此教育并不是遵照一种既定的方式来限定人类的潜能，而是释放人类潜能的过程，从而促成道德的最终发生。

　　对于教师或所有处于权威地位的人而言，"发展"当然是一个易于接 受的概念，因为这意味着他们不需要具有任何坚定的道德信念或是提供任何一种道德模式。因此，这样一种发展模式被当作一个纯粹的技术性问题——是一种手段而非目的，其作用方式在于促使人们，尤其是年轻人，感知道德并进行思考，即形成所谓的道德感与道德意识。一旦这一方式能够实现，教育的使命也随即完成。而在这个过程中，人最终将成为何种人，则需要由人们自行决定。因此，人们道德情操与道德观念的终极倾向是个体的分内事，与他人无关。

　　非常奇特也十分有趣的是，如同一位园艺专家试图创作一部关于郊区景观植物生长的指南手册一样，他将提供关于植物生长的各种重要信息——既有杂草也有花朵，既有毒藤也有玫瑰，但他不会自作主张地告诉你应该选择这一种植物而非另一种植物，或是如何培植某一种植物而非其他植物。事实上，并不存在这样一本园艺指南手册，因为关于一个花园应该具有何种风貌，每一个园艺家都有自己独特的见解。因此，不同的园丁当然会有不同的意见和观点。然而，在这种多样性的背后也存在一个底线，例如，关于花园的设计构想不会包括苍茫的野草或毒藤的海洋，因为没有任何一个园艺家希望自己的花园和一片垃圾场一样混乱不堪。

　　与之相反，我们似乎不能或者不愿对一个道德人的思想观念进行一定的限制和规范。可以说，我们是具备最新工具和技术，却没有关于花园构想的园艺家。是否仅仅由于纯粹的无知而导致了这一结果？抑或是纯粹的胆怯？我不这么认为。相反，在我看来，人的本性中包含信念，而这恰是自然界中植物生长过程本身所不具备的。这里我使用了"信念"这个概念是鉴于其丰富的信仰力量。我们确实相信所有人类个体均具有一种"自然的终极目标"（natural telos），即成为花朵，而非杂草或是毒藤。作为一个总体，人类具有将自己置于花园内，而非丛林或垃圾堆中的自然倾向。这种崇高圣洁的信念被我们称为"自由人文主义的信仰"（liberal humanism）。而这种观点也正是在当下美国精神和理智方面占主导地位的正统观念。事实上，尽管我们总是喋喋不休地争论关于"政教分离"的问题，但与其他被斥为分裂的、狭隘的信仰相比，自由人文主义仍然是当今美国社会的官方信仰。然而，我恰巧不是自由人文主义的信徒，这也不是一个探讨神学争论的适宜时机和场合，而且无论如何，我也绝不是一个关于此类争议问题的权威发言人。这里，我仅仅是对我所掌握的事实进行一些评论：尽管绝大多数美国人可能对这一信仰及其变化形式非常认可，我认为他们也确实如此，但结果是，我们的年轻人往往对所有体现这种信仰之精神实质的教育机构不屑一顾。事实上，难以置信的是，年轻人正与这些社会机构越来越疏远，并且最终感到，在某种程度上，这些机构对于他们的基本需求并无响应且毫不相干，而这些年轻人的家长也很快随声附和了这些抱怨。

机构的合法性

在我看来，我们的社会机构，尤其是教育机构的道德中立使其丧失了自己的"大众合法性"。目前，无论这种道德中立是否受到公众舆论的赞许和支持，其实都不重要，但这种中立确实剥夺了这些机构的合法性。一个人无须成为对历史或心理学十分热衷的学生，便能知晓目前人们所接受、认可甚至赞许的这些机构，将在不久之后被视为不可容忍且毫无价值的。这些机构，犹如被虫儿侵蚀的树木，一直看似健硕壮实，但昼夜间便会化为乌有。如果你翻阅一下法国大革命前夕国民议会的会议纪要，便会发现当时没有任何对于君主制度不满的记录，且毫无建立共和愿望的征兆。同样，1964 年年初，在对加州大学伯克利分校的学生进行民意调查时，结果显示绝大多数学生对学校给予了高度评价，并认为自己接受了一流的教育。尽管如此，法国国土路易十六（Louis XVI）与克拉克·克尔（Clark Kerr）① 很快发现自己已经站在风口浪尖。无论我们是否在谈论少数种族、年轻人、女性或者任何人的反叛性，这种突如其来的极度不满情绪让我们所有人惊讶不已。这些正是当下美国社会的特点，同时也是这些社会机构的特征——无论是政治机构、学校抑或是家庭，这些社会机构的合法性已经被耗尽，即丧失了道德接受性，而这也正是合法性的

176

① 克拉克·克尔（Clark Kerr），美国教育改革家。曾任美国加州大学伯克利分校经济学教授和学术委员会主任，加州大学的第十二届校长（1952—1958）。任职期间成就卓著，1960 年领导制定"加利福尼亚州高等教育总体规划"，将该州高等教育分为三级，对美国其他州的高等教育体制产生重大影响；然而，1967 年因学生运动被解除校长职务。——译者注

真正含义。

我们试图通过不断地重建我们的机构来应对这个问题，使它们能更敏锐地回应时下盛行的风潮，而这显然并不奏效。我们越是将学校玩弄于股掌之中，越会精力充沛地根据偶发社会思潮导致的幻想，不断地重建而后再建学校，这些教育机构的声誉也就越容易遭受持续的破坏。我们唯一能推断的是：要么是我们目前所理解的回应策略存在问题；要么是我们对于他人的理解存在误区。而我认为，我们对这二者的理解均存在问题。最终，我们选择探讨一个单一性问题而非双重性问题，即在民主社会中，我们对于个体与社会机构之间关系的构想方式存在问题。

回应策略

格罗克·马克斯（Groucho Marx）的经典喜剧中有一个桥段是关于他刚加入一个俱乐部却随即退出的故事，而促使他离开的原因是：他认为任何一个会将自己纳为会员的俱乐部都是不值得加入的。我认为，这个古老的故事传递给我们的是一个关于回应问题的经验教训。目前，越来越多的机构已经使人们丧失了广泛参与和积极投入的热情，且越来越多的俱乐部新招募的正式会员不断离开。

很难说，我们多样化的响应策略在何种程度上是出于狡猾诡异或是单纯的自欺欺人。在盛行校园内抗议活动的越南战争时期，面对大学生中政治激进主义的普遍高涨，美国国会决定将法定选民投票年龄降至18岁。据我所知，在当时的美国校园中，没有任何一个抗议活动是关于降低选民年龄的。同样，据我了解，当时国会并未收到任何一封由年轻人发起的大规模请愿书。尽管如此，面对动荡的时局，美国国会认为不能再简单地保持沉默或无动于衷，并最终决定用一定的方式予以回应。虽然这并没有阻止越南战争或消灭资本主义，却通过了一项重要的宪法修正案，即将法定投票年龄降至18岁。该项修正提案在理查德·尼克松

（Richard Nixon）以压倒性优势当选为总统后，立即获得了州议会立法机构的批准。

在多样化的回应策略中，一种典型的回应方式是满足抗议人群所未曾提出的要求，从来没有任何充分的理由能够证明人们所说的即为其真正所想。因此，当纽约市贫民区的非白种人开始表达不满，认为自己的孩子在高中毕业时没有具备相应的阅读能力，甚至只有小学水平时，就立即被赋予了对当地学校董事会的社区管控权以及高级城市大学提供的开放式录取机会。然而，如果你仔细回忆整个事件的发生过程，便能发现公众的真正要求与政治诉求并没有本质区别，无论是呼吁社区管控还是开放式入学制，都只是迷惑人心的工具，两者均与当时存在的问题毫无关联。事实上，所有关于社区管控的真实构想都是源于校车接送制度中存在的种族矛盾问题，因此都是以实现种族融合为目标。目前，这些融合构想正在纽约州的学校中进行着实践。

目前，我们正在以另一种看似公正，但实际上更狡猾精明的方式在回应公众需求，即满足人们的真正需要或殷切的盼望。根据实践经验，由于这些需求是被误解的，因此人们的满足感也只是一个毫无意义的手势。 178 而这正是目前在我们的大学以及中小学校园中存在的关于学院住宿规定、课程评分标准、出勤率、课程要求、各类委员会组织的学生讲演等方面的现状。也许可以对相应策略进行如下概括：当面对抗议、不满以及骚乱时，教育机构会立即卸去自身的责任包袱，但保留自己所有的特权，并宣布所在机构将扩大所有成员的自由权利与参与范围。因为众所周知，参与和自由是民主的两剂良方，如此一来，你便拥有了表面的公正以及继续存在的现实。

近年来，这个关于回应的复杂游戏巧妙地进行着，帮助诸多机构勉强维持存在而不至于消亡。在这种意义上，这些策略无疑是成功的。然而，在深层意义上，仅仅收获了时间——虽然这已经弥足珍贵，但前提是人们明白自己仅仅获得了时间，并且意识到如果希望这份收获能持续下去而不是化为泡影，就需要高效利用时间。然而，这些领悟并不只是我的个人感受。

古往今来，诸多政治哲学家与教育家纷纷指出，赋予人们权利，但同时并未设定义务并非明智之举。剥离了义务的权利只会导致不负责任，正如失去权利的义务只会导致奴性屈从。埃德蒙·伯克（Edmund Burke）进一步论证了该观点，并指出义务是权利的一部分——义务的缺失意味着人性的退减，因为它预示着一种永恒的未臻完美的状态。根据近期体验，我们可以将思路进一步拓展，自信地宣布，义务不仅是一种权利，也是一种需求。未能承担义务的个体，将会敏锐地察觉到一种被剥夺自我的感觉。目前，面对美国民众对于社会机构所表示的不满，我们往往用笨拙、偏激的方式予以回应，然而我们需要认识到，用这种道德衰退现象来解释我们的回应方式其实是一种重大失败。

179　　社会机构迎合公众（我经过深思熟虑使用了"迎合"这个词语）是为了博得大众喜爱，并在一段时间内受到舆论好评。对大众媒体而言，"迎合"是经济的一种必需品，它们自然地渴望看见其他社会机构重塑媒体形象，成为一个可回应的"电视台"或是"网络"。这里，这种回应意味着满足公众的口味、欲望、奇想、幻想，或者更确切地说，是满足公众随时随地可能产生的嗜好、渴望、意念或狂想。而这种及时且具有偶然性的回应方式也被认为是具有密切关联的。然而，沉溺于充斥着各种沾沾自喜情绪的喧嚣声中，人们却忽略了一个事实，即这些机构漂浮于赞同与自我认可的浮云之上，而坚实的道德合法性基石却早已被根除，而这种合法性正是所有社会机构得以长期存在的源头活水。

是否是我夸大其词？那么，我将指出贫民区教育中存在的问题。在过去的几十年中，我们针对贫民窟孩子的学校教育问题进行了诸多创新尝试，并宣称这些举措比之前的教育方式更贴近且更能满足学生的需求。其中，一些创新策略甚至恢复了某些流行于一百年前的课堂组织形式与教学技巧，可谓创新至极。曾几何时，这些创新策略被誉为突破性进展，成为期刊杂志以及电视节目争相报道的对象，而这些举措又很快被其他地区有进取心的学校管理者学习效仿，并在最终结果揭晓之前就被认定为成功的方式。然而，当其他勇于创新的改革者又一次突破传统，将注意力转向新的策略，并提出一个更具回应性且更加贴切的新项目时，这些之前的举措很快便销声匿迹。与此同时，让我们回到贫民区，那里存在一系列成功却并未被关注的学校，且多数父母急切盼望孩子能够就读于这些学校，这些学校的成功之处体现在一些基本却至关重要的方面：旷课率及转学率极低，青少年犯罪率、滥用药物的比率也相对较低，并且学生的学业成绩略高于平均水平。我希望将目光聚焦于贫民区中的教区学校，这些学校往往被媒体忽略因而未受到关注。但是，在家长和学生看来，这些学校是所有贫民区学校中他们最梦寐以求的。教区学校大多建筑陈旧、设施有限，或许只有一个可怜的图书馆，或许只有一个简陋的体育馆，或许只有一个斯巴达式简朴的食堂。然而，任何一个愿意睁开双眼见证这些学校存在的人，都不会对科尔曼（Coleman）的结论感到吃惊——正如很多人所认识到的那样，硬件设施的条件甚至无设施状况与教育成效关联甚微。

为什么人们如此看重贫民区中的教区学校？答案显而易见：它们是自尊自重的机构，是要求严格的机构，也是期待学生能达到规范标准的机构。很多学校实施了着装规范要求，并将其视为自我肯定的象征。通过对学生提出这些要求，帮助学生实事求是地要求自己，而最重要的是，让学生明白只有严格要求自己，才能实现道德与智慧的真正"发展"。

关于权威问题的思考

我猜想我的观点可能会被解读为另一种所谓的对"放任"的批判。倘若果真如此，我会感到难过。因为我非常不喜欢这两个术语及与之关联的词。那些不分青红皂白对"放任"进行攻击的人，其实是对"权威"（authority）与"独裁主义"（authoritarianism）感到困惑的受害者——与他们所批判的趋向产生的一种混淆。"放任"（permissiveness）和"独裁"（authoritarianism）是道德话语体系中的两种可能性极端。当其不能维持中心平衡时，这两个极端就会显现出来，而这个中心即是权威，意味着以一种大众普遍接受的合理方式，依照道德层面所认可的目标来行使权力。而合法性权威并不总是合理的，因为行使它的人并不总是自然合理的。没有任何一个人总是理性的，因此合法性权威要开放地接受批判与修正。然而，如果权威在运行中存在缺陷，其所导致的"放任"与"独裁"都会呈现出道德空虚与目标虚无的问题，且"独裁"产生的问题会比"放任"更严重，因为它会引起一种技术狂热。"放任"倡导者创造出解放公民的永恒方式，却不知道他们为什么而解放；而"独裁"支持者却仅仅为了保护存在机构的权力，忙于学习如何控制人们，却对这种权力的终极目标全然不知。

　　如果正确理解二者的概念，会发现"权威"与"权力"不同，"权力"是指一种强迫实施的能力。而在"权威"情况下，"权力"不具有胁迫性，因为其是被植入的，无论多么朦胧隐约，具有一种与受制于该权力的个体的道德情操及道德理想一致的道德意图。而教育，在其唯一的重要意义上，是一种关于"合法性权威"的训练。当教育者称他们不清楚道德意图是什么时，其实他们是不知道自己正在试图创造何种人，因而放弃了他们的合法性权威。而道德发展，正如目前我们学校教育中所认识到的那样，从未与"终极精神目标"相关联（那将成为独裁主义者），这导致我们所谓的道德发展极易造成道德的缺失——一种缺乏道德意义的空洞灵魂，而灵魂的饥馑比身体上的饥饿更加危险且更具毁灭性。最终，这种灵魂的饥馑将通过感激地屈从于任何短暂经过的"伪权威"而得到抚慰和满足。在这个困惑的时代，如果没有一种道德权威，真正的教育将不可能实现。而问题在于我们的教育者究竟应该在何处发现这样一种道德权威？谁能回答我们针对个体生活与集体生活的意义所提出的问题？我发现了这种悲叹之中的"说服力"与"尖锐性"：我们正处于一个困惑的时代，而我要说的是，如果你没有"道德权威"的观念，如果你对道德目标缺乏独立自主意识，你就不应该成为一个教育者。尽管，目前存在很多为了实用目的而产生的技术型职业，似乎工具知识已经足够，但教育并非如此。如果一个教育者甚至无法试图明晰地回答"教育为了什么";或者甚至无法指出良好的教育是为了培养何种人,那么该教育者入错了行。事实上,我认为,大部分教育者——那些真诚致力于教育事业的人,还是选对了职业。虽然大多数教育者并未承认教育的目标是为了实现这种道德权威的自由,但他们能够更自主自觉地认识到实现这种自由正是当下教育改革中的一项重要目标。

作者介绍

马文·W.伯科威茨（Marvin W. Berkowitz），获密苏里大学圣路易斯校区"品格教育桑福德·N.麦克唐纳"荣誉教授头衔，曾被大使授予"美国空军军官学校品格发展霍兰德·H.库尔斯教授"，马奎特大学心理学教授、伦理研究中心主任及创始人。马文·伯科威茨是一位关注儿童与青少年发展、道德思维、品格教育的发展心理学家，对道德冲突讨论、青少年冒险行为、家庭教育以及滥用药物等问题尤其感兴趣。

安妮·科尔比（Anne Colby），作为一名高级学者，于 1997 年加入了卡内基教学促进基金会（Carnegie Foundation for the Advancement of Teaching）。在此之前，她是哈佛大学亨利·默里研究中心（Henry Murray Research Center）——一个关于纵向研究数据归档与社会科学研究中心的主任。安妮·科尔比是《一项关于道德判断的纵向追踪研究》（*A Longitudinal Study of Moral Judgment*，1983）、《道德判断测量》（*The Measurement of Moral Judgment*，1987）这两本经典著作的主要作者；与威廉·戴蒙（William Damon）共同撰写《必须关注：当代生活中的道德信仰》（*Some Do Care：Contemporary Lives of Moral Commitment*，1992）；同时，参编《人种学与人类发展：人类探究中的语境与意义》（*Ethnography and Human Development：Context and Meaning in Human Inquiry*，1995）、《竞争力与一生中的品格》（*Competence and Character through Life*，1998）两部著作。安妮·科尔比在卡耐基基金会中任职业准备项目、高等教育与

道德公民责任发展计划的联席会长。

威廉·戴蒙（William Damon），斯坦福大学青少年中心主任、教育学教授。于加州大学伯克利分校获得发展心理学博士学位。主要著作包括：《儿童及青少年时期的自我理解》（*Self-understanding in Childhood and Adolescence*，1988）、《道德的孩子》（*The Moral Child*，1990）、《真心关怀：道德承诺的当代呈现》（*Some Do Care：Contemporary Lives of Moral Commitment*，1992）、《更高的期望》（*Greater Expectations*，1995）以及《青年宪章：社区如何协作提升面向全体儿童的标准》（*The Youth Charter：How Communities Can Work Together to Raise Standards for All Our Children*，1997）。威廉·戴蒙是《儿童发展新方向》（*New Directions for Child Development*）及《儿童心理学手册》（*The Handbook of Child Psychology*）的主编，并成功入选美国国家教育科学院院士，目前是斯坦福大学胡佛研究院的高级研究员。

阿米塔伊·埃蒂斯尼（Amitai Etzioni），乔治华盛顿大学的首位教授。共撰写 21 部著作，包括：《黑白社会》（*The Monochrome Society*，2001）、《下一步：通往美好社会之路》（*Next：The Road to the Good Society*，2001）、《隐私的限度》（*The Limits of Privacy*，1999）等，《新黄金法则：民主社会中的社区与道德》（*The New Golden Rule：Community and Morality in a Democratic Society*，1996）一书曾获 1997 年西蒙·维森塔尔中心"宽容图书奖"（Tolerance Book Award）。阿米塔伊·埃蒂斯尼也是社群主义季刊《回应性社区：权利与义务》（*The Responsive Community：Rights and Responsibilities*）的主编。

欧文·克里斯托尔（Irving Kristol），《公共利益》（*The Public Interest*）杂志的联合主编，美国企业研究院"约翰·M. 奥林杰出学者"，美国艺术与科学研究院研究员、美国外交关系委员会终身荣誉委员。代表著作有：《新保守主义：一种理念的自传》（*Neoconservatism：The Autobiograohy of an Idea*，1995）、《一名新保守主义者的反思》（*Reflections of a Neoconservative*，1983）、《资本主义的两种欢呼》（*Two Cheers for Capitalism*，1978）、《论美国民主理念》（*On the Democratic Idea in America*，1972）。

F. 克拉克·鲍尔（F. Clark Power），美国圣母大学人文教育学系教授、心理学教授、教育创新研究所研究员、学术事务副院长、门德尔森运动、品格与文化研究中心副主任。1979 年获得哈佛教育学院人类发展教育学博士。主要专著及研究集中于道德发展与民主教育领域。克拉克·鲍尔是《道德判断测量》（*The Measurement of Moral Judgement*）、《第二卷：计分手册的标准问题》（*Vol. II：Standard Issue Scoring Manual*）、《劳伦斯·科尔伯格的道德教育方法》（*Lawrence Kohlberg's Approach to Moral Education*）的主要作者之一，也是《本我、自我及同一性：综合教育途径》（*Self, Ego and Identity：Intergrative Approaches*）、《多元主义的挑战：教育、政治及价值观》（*The Challenge of Pluralism：Education, Politics and Values*）、《品格心理学与品格教育》（*Character Psychology and Character Education*）的主编之一。

亚瑟·J. 施瓦兹（Arthur J. Schwartz），从 1995 年开始指导约翰·邓普顿基金会的品格发展计划，同时也是该基金会的畅销指导手册《鼓励品格发展的大学》（*Colleges That Encourage Character Development*）一书的项目指导，在哈佛大学获得博士学位。

南希·谢尔曼（Nancy Sherman），乔治城大学校聘哲学教授，1997—1999 年获得美国海军军官学校"伦理学杰出特聘教授"称号，曾任耶鲁大学哲学系副教授，美国马里兰大学、霍普金斯大学客座教授，主要著作包括：《品格结构》（*The Fabric of Character*，1989）、《美德必要性》（*Making a Necessity of Virtue*，1997）、《古典主义批判文选：亚里士多德伦理学》(*Critical Essays on the Classics: Aristotle's Ethics*, 1999)。共发表
30 余篇伦理与道德心理学领域文章，于 1982 年获得哈佛大学哲学博士。

克里斯蒂娜·霍夫·萨默（Christina Hoff Sommers），华盛顿特区
美国企业研究所常驻学者，主要著作：《与男孩的抗争》(*The War Against
Boys*)、《谁偷走了女权主义?》(*Who Stole Feminism?*)。

劳伦斯·J. 沃克（Lawrence J. Walker），英属哥伦比亚大学心理学
教授、研究生项目专员，1978 年于多伦多大学获得博士学位。曾任道德
教育协会主席，现任《美林帕尔默季刊》(*Merrill-Palmer Quarterly*)副主
编，研究主要集中于道德发展中的心理学问题，包括道德推理发展过程、
道德人格的形成。

索　引

（本索引词条后的数字为原书页码，即本书边码）

A

Academic integrity standards programs：学术诚信标准项目：benefits of, 学术诚信标准项目的益处，16—17；growing number of, 越来越多的学术诚信标准项目，11—12；transmitting core values through, 通过学术诚信标准项目传递核心价值观，12—17

Achilles, 阿基里斯，90

Achilles in Vietnam (Shay)，《越南的阿基里斯》，91

adolescent character development, 青少年时期的品格发展，51—52

African-American cultural maxims, 非裔美国人文化中的谚语，8，10：原书注释13

African-American Proverbs in Context (Prhalad)，《语境中的非裔美国谚语》（普拉哈拉），7

agency：能动性：link between sense of self and, 自我意识与能动性之间的联系，73—74；tension between moral functioning and, 道德功能与能动性之间的张力，73，82—83。See also ethics；morality, 也参见伦理，道德

aidos (negative appraisal of self), 艾多斯（对自我的负面评价），14

American Association of Higher Education, 美国高等教育协会，151

American Psychiatric Association, 美国精神医学学会，51

ancient Greek culture：古希腊文化：Stoicism development in, 88—96 古希腊文化中禁欲主义的发展；strong bodies/minds beliefs of, 古希腊文化中强健的体魄／强大的精神信仰，96，98—99

Anderson, Debbie, 黛比·安德森，125

Andreotta, Glenn, 格林·安德烈奥塔，108

anger/rage, 愤怒，愤恨，104—109

apprenticeship moral of schools, 学徒制模式，137

Aquinas, Thomas, 托马斯·阿奎那，87

Arendt, Hannah, 汉娜·阿伦特，23

Aristotelian moral education approach, 亚

176

译 后 记

随着全球化进程的深入与发展，世界各国不同文化板块之间的交汇、交融、交锋现象日益明显。此种背景下，我国思想政治教育拓宽国际视野、提高比较研究水平的前提和基础在于，深度挖掘不同国家共同关注的基本问题，准确把握其在理论与实践方面的共性特征，实现与他者之间的深度对话、交流和理解。研究过程中，我们发现目前大多数国家都将青少年的品格培养与道德发展置于教育的关键地位，并且深刻认识到品格的发展是帮助个体成为道德成熟、理性自觉以及具有亲社会倾向的合格社会成员的必要条件。

虽然东西方文化对于"品格"与"品格教育"内涵的理解各有不同，但总体来看，"品格"是指在一定社会或阶级的道德要求下，表征个体内在品质与美德素养的共性特征，而"品格教育"则是指培养符合社会道德标准的行为习惯、价值共识与完满人格的一种教育。品格教育在西方具有悠久的历史和传统，起源于亚里士多德的"品格—习惯"道德教育范式。在美国，品格教育经历了由兴转衰又复归的变迁，逐渐成为当下北美地区最受关注、公立学校最主流的一种道德教育形式。但同时，品格教育的复兴也确实遭致大量质疑与反对的声音，而本书正是在这样一种大背景下问世的。威廉·戴蒙（William Damon）带领八位北美地区最具影响力的道德教育专家，共同为"新品格教育"发声辩护。作为全球范围内道德与公民教育领域的首席专家之一，威廉·戴蒙先生的研究成果颇为丰硕，共出版专著二十余部、发表文章百余篇。虽然本书既非其开山之著，也非最新之作，他却众里挑一，力荐我们翻译此书，足见本书在他心中之价值与地位。

　　作为从事美国道德教育和品格教育研究的必读之作，本书获得了学界同行的广泛盛赞。九位作者围绕"美国当下品格教育的现实困境与发展向度"这一中心问题，指明心理学上将"习惯"与"反思"的虚假对立，是品格与道德教育发展的重大障碍；而道德作为一个关于"处理个体与社群关系"的问题，应将"实现个体道德认同"作为建立"共同善"的前提与起点；另外，在方法层面，学校新品格教育需要在多样化的"宗教"与"世俗"框架下，给予学生所有能够获得的道德激励。由此，在重点厘清"习惯与反思"、"个体与社群"、"世俗与宗教"三对辩证关系的基础上，九位品格教育专家阐发了贯穿全书的两个重要观点：一是新品格教育需要达成一种"向学生传递基本道德标准与核心价值观"的基本共识；二是力图以一种更具创新性、实效性、全纳性的教育方式来突破过去的藩篱，从而创设新品格教育的最佳之境。

　　我们认为，本书对于品格教育研究的卓越贡献之处在于：其一，开宗明义地指出阻滞美国青少年道德发展的"真正元凶"是"相对主义"而非"灌输教化"，由此阐明"在高度自治时代传播道德智慧"的重要性，这对于明确品格教育新纪元之起点具有重大意义；其二，重拾亚里士多德、奥古斯丁教育哲学的经典视角，合理借鉴"禁欲主义"、"社群主义"等相关理论思想，尝试构建新品格教育的前沿理论模型；其三，着力探索"道德箴言勉励"、"道德典范引导"、"民主社群建设"、"合法性权威训练"的多维教育路径，积极为美国新品格教育实践的发展寻求出路；其四，直击"谁的价值观"这一本质问题，有力回应了五种反对品格教育的声音，力图将"重建学生的道德与品格"作为高等教育的中心任务。

　　本书翻译准备工作始于 2013 年 5 月，如今译稿付梓，个中艰辛，甘苦自知。回想整个过程，起初信心满满，伏案笔耕，夜以继日，唯愿翻译之作能"信"、"达"、"雅"，"忠"、"顺"、"美"。岂知过程之中，困难重重，挑战无限。为了准确理解跨学科精深知识，确保"达意"；为了深入挖掘文字背后的独特文化内涵，实现"传神"；为了再现原文生动、犀利的语言风格，力求"化境"；为了不忘初心、不辱使命，我们查阅文献、访师问友、切磋研讨、群策群力、协同攻关、相互鼓励、彼此支持，终于完成了这一作品。

在此，特向所有关心、帮助过我们的朋友致谢并致敬。首先，感谢杨晓慧老师。如果没有老师对思想政治教育学科建设的高度责任感、敏锐的学科意识和自觉的学术团队培养精神，如果没有老师对本学科发展的战略思考、顶层设计和持续推动，就不能坚定我们走出国门进行深度交流和学习的信心与决心，也就不能实现《思想政治教育前沿译丛》从梦想到现实的飞跃，也就不会有本书的问世。特在此，对老师表示最衷心的感谢。其次，感谢本书主编威廉·戴蒙先生对于我们在翻译过程中提出的各种问题的耐心解答与回复。再次，感谢东北师范大学思想政治教育研究中心的全体同仁，感谢高地、韩丽颖老师对翻译过程中各项事宜推进的关心与帮助，感谢比较思想政治教育研究团队所有成员给予我们的灵感和动力。最后，由衷感谢人民出版社的武丛伟、钟金铃编辑为促成本书的出版所付出的巨大努力。

受译者能力与学识所限，译本质量与最初所愿仍然有较大距离，心中多有忐忑。若有不足，诚盼广大读者与专家学者不吝赐教，不胜感激！

刘晨、康秀云

2015 年 6 月

责任编辑:武丛伟　钟金铃

封面设计:汪　莹

图书在版编目(CIP)数据

品格教育新纪元/(美)威廉·戴蒙 主编;刘晨,康秀云 译.

　-北京:人民出版社,2015.12

(思想政治教育前沿译丛/杨晓慧主编)

ISBN 978－7－01－015428－2

Ⅰ.①品…　Ⅱ.①戴…②刘…③康…　Ⅲ.①品德教育-研究-美国

　Ⅳ.①D771.24

中国版本图书馆 CIP 数据核字(2015)第 254352 号

品格教育新纪元

PINGE JIAOYU XINJIYUAN

[美]威廉·戴蒙　主编　刘晨　康秀云　译

人民出版社 出版发行

(100706　北京市东城区隆福寺街 99 号)

北京中科印刷有限公司印刷　　新华书店经销

2015 年 12 月第 1 版　2015 年 12 月北京第 1 次印刷

开本:710 毫米×1000 毫米 1/16　印张:13

字数:180 千字

ISBN 978－7－01－015428－2　定价:32.00 元

邮购地址 100706　北京市东城区隆福寺街 99 号

人民东方图书销售中心　电话 (010)65250042　65289539